谷口 真由美 著

リプロダクティブ・ライツと
リプロダクティブ・ヘルス

信 山 社

　　　　　は　し　が　き

　本書は，私の博士学位論文「『リプロダクティブ・ライツ』及び『リプロダクティブ・ヘルス』概念の生成と展開」(2004年，大阪大学より学位授与)に若干の加筆・修正を加えたものである。本書の記述の大部分は上記の学位論文に基づいているため，その後の動向に関しては，必要最小限の範囲で加筆したにとどまり，包括的な検討はできなかったことをお断りしておかなければならない。これはもっぱら，筆者の能力の限界によるところであり，今後の研究の中で検討を進め，読者諸賢のご指摘をいただいて足りない部分をさらに補うこととしたい。

　本書の目的と概要は序章で述べた通りであるが，ここでは本書の前提となる私の基本的な考え方を述べておきたい。

　ある「概念」が，それを用いる者により，都合よく使用されている。さらに言えば，必ずしも共通の理解をもって使用されているわけでもないこの「概念」は，論者によって異なる意味で使用されることがある。それはもはや「概念」として成立するのであろうか。

　リプロダクティブ・ヘルス及びリプロダクティブ・ライツという「概念」には，このような危険性が潜んでいる。それは，これらの概念の出現した背景に，複雑に絡んだ国際社会の妥協の産物的な意味合いが強くあるからである。

　それでは，このような妥協の産物的概念は世の中に必要が無いのであろうか。答は否，である。妥協の産物としてでも，世界にはこれらの概念を必要とする人々が存在していたのである。そして，既存の概念では，説明がつかなかった事象が存在するのである。そうだとするならば，その概念の中身を明らかにするために，複雑に絡まっている糸(概念の中身)を一本一本ほぐしていく必要がある。それが，私の基本的な関心事項の一つである。そして，リプロダクティブ・ヘルス及びリプロダクティブ・ライツ概念は日本に有用で必要なものであるのか。そうであるならば，最終的にこれらの概念は裁判規範とまでなり得るのか。これが私の，数年前から現

在に至るまでの関心事項である。

　最近では、ジェンダーに対するバックラッシュ（逆流）というものの標的の代表格に、リプロダクティブ・ヘルス及びリプロダクティブ・ライツが挙げられることがある。これらの概念そのものが、悪者のように扱われることもある。それはひとえに、これら概念の複雑さから生じているものと感じている。その複雑さとはどこからきたものなのか、リプロダクティブ・ヘルス及びリプロダクティブ・ライツの真の意味とは何なのか、誰もよくわからないままに都合よく使用し、都合よく非難しているように見受けられる。このような都合よさに乗せられないようにするためには、当該概念の成立過程を明らかにし、複雑化した背景を理解し、そしてその中身を知ることが大切である。

　少し長くなるが、本書の公刊にあたって、これまで指導していただいた諸先生の学恩を記しておきたい。

　私がリプロダクティブ・ヘルス及びリプロダクティブ・ライツ概念と出会ったのは、大阪国際大学3回生の1995年であった。ゼミの故小寺初世子先生から、「北京（第4回世界女性会議）に行きましょう」と誘われたが、当時は学部生で金銭的な余裕も無く、またあまり興味も無かったことからご一緒することはなかった。しかしながら、連日新聞記事等を賑わす北京会議の様子を伺い知り、折角のチャンスを逃した気分になったことを覚えている。その新聞記事の中に、「リプロダクティブ・ヘルス／ライツが争点に」といった記事があり、このカタカナ語を手元にあった広辞苑、現代用語の基礎知識などで調べたが、いっこうに何者であるのかわからなかった。そこから、卒業論文、修士論文、博士論文と、気がつけば今年で12年もの歳月、リプロダクティブ・ヘルス及びリプロダクティブ・ライツを追い続けている。北京から帰国された小寺先生の話を伺い、「行けば良かった」と若干後悔したものである。しかし当時、このカタカナ語を今日に至るまで扱うこととなろうとは夢にも思っていなかった。翌1996年、在学していた大阪国際大学で、小寺先生が理事をつとめていらした国際人権法学会が開催され、ホスト校の学生としてお手伝いをした。その時に生まれて初めて、アカデミックな「学会」というものに出会うこととなった。小寺

先生，波多野里望先生（学習院大学名誉教授），江橋崇先生（法政大学）と大学のドミトリーに宿泊した折に夜遅くまで熱いお話を議論を拝聴させていただき，「国際人権」の最先端に触れたことがその後の進路に大きく影響した。

　小寺先生とは，その後ニューヨークで開催された2000年会議（北京＋5）をご一緒させていただいた。私が参加していたリプロダクティブ・ヘルス及びリプロダクティブ・ライツに関するフォーラムのことを，毎晩熱心に尋ねてくださったことを懐かしく思い出す。北京に行かなかった若干の後悔から，とにかくこの問題に関するいろんな空気を感じたかった。北京ほどの規模ではなかったにせよ，ニューヨークで世界中の女性からパワーを貰い，研究者，NGO，政府などとの連携の必要性を肌身で感じた。そして，リプロダクティブ・ヘルス及びリプロダクティブ・ライツも机上の空理空論の概念などではなく，いままさに動いている，使われている生きた概念なのだと認識するに至ったのである。

　2001年にJICA（国際協力事業団〔当時〕）のインターンとして，HIV/AIDSの調査をするために南アフリカ共和国へ2ヵ月間派遣される機会をいただいた。そこで，政府開発援助の現場を体験でき，国際社会がどのように動いているのかを垣間見ることができた。JICAの南アフリカ共和国スタッフの皆さんの熱意と冷静さが，非常に印象的だったこと，そして何より私の研究テーマに深いご理解を示してくださり，比較的自由に現地の国際機関や，当時同国で開催された人種差別に反対する国際会議にも出席させていただけた。また，南アフリカでジェンダーの問題を扱うNGOなどにもインタビューをさせて貰うことができ，南アフリカ共和国におけるリプロダクティブ・ヘルス及びリプロダクティブ・ライツの現状を知る機会を得た。おそらく，インターンとしては破格の待遇をしていただいたと思われる。当時のJICA南アフリカ共和国事務所の高橋嘉行所長，スーパーバイザーのラーヘッド和美氏をはじめ，JICA及び関係者の皆さまに心より感謝したい。

　この南アフリカ共和国滞在中に小寺先生の訃報に接し，御遺志を継ぐべくはじめて研究者を志すこととなった。

小寺先生のご推薦で，財団法人世界人権問題研究センターの研究第4部に入れていただいた。ここは，女性の権利を扱う部会であり，特に関西に拠点を置く素晴らしい研究者の諸先輩に囲まれ，私の拙い研究報告に何度もご指導・ご教示をいただいた。同部会の福田雅子部長，竹中恵美子先生，田端泰子先生，高尾一彦先生，北島孝枝先生，井上摩耶子先生，山下泰子先生，西立野園子先生，國信潤子先生，有澤知子先生，米田眞澄先生，吉田容子先生，源淳子先生，阿久澤麻理子先生があってこそであった。ここに深い感謝の気持ちを記したい。さらに，同センターより研究助成（2001年度）をいただいた。研究の意義を見出してくださった，上田正昭先生，田畑茂二郎先生，安藤仁介先生にも厚く御礼を申し上げる。

　和歌山大学大学院経済学研究科時代の指導教官である森口佳樹教授には，同大学院在学中から国内法とりわけ憲法の視点からの鋭いご指摘を賜り，また，大学院がどういうところかを知らない私に，「職業人としての大学院生の気概を持て」と常に励ましてくださった。先生のご専門とは分野違いにもかかわらず，いつも熱心に拙論に朝早くから夜遅くまで耳を傾けてくださった。自分が教職に就いてみて，何と迷惑な学生であったのかようやくわかり今でも気恥ずかしい思いがする。あの日々が無ければ，現在の私は無いと言っても過言ではない。また，拙い修士論文，それも分野違いであるにもかかわらず，連名で公刊してくださった御心の広さに感謝申し上げる。

　大阪大学大学院国際公共政策研究科の博士課程で指導教官であった村上正直教授からは，大学院在学中の5年間に亘り，国際人権法の基礎から論文指導まで数多くのご指導およびご助言を賜ってきた。博士課程からのご指導にもかかわらず，常に親身になって接してくださった。村上先生から，「常に一般人の感覚を持ち続けるように」と教えられ，その意味がようやく少しずつわかりかけてきたところである。博士課程での副指導教官であった床谷文雄教授からは，特に女性と法に関する問題について，家族法の観点から数多くのご指導を賜ってきた。よく，床谷研究室の学生と間違えられるほど，親身にご指導いただいた。また，博士論文の副査をご担当いただいた栗栖薫子助教授からは，政治学とりわけ人間の安全保障などの観

点から，本論文に対する数多くの貴重なコメントを賜ってきた。博士論文の締切りが近づき，悲愴な面持ちであった私に，笑顔で厳しいコメントを賜ったことが昨日のことのようである。そして，大阪大学大学院で，日夜議論を交わすことにつきあってくれた友人たちにも感謝の意を表明したい。

　本書はこれら多くの尊敬する方々のご指導とご助言によってはじめて可能となった。いちいちお名前をあげることは差し控えさせていただくが他にも御礼を申し上げるべき方々が沢山いらっしゃる。紙面を借りて厚く御礼を申し上げたい。折にふれて支えてくださった多くの方々の存在がなければ，本書が公になることはなかった。ここで改めて心よりの謝意を表したい。

　本書は学部および修士時代における研究がなければ完成できないものであった。大阪国際大学政経学部時代に，本研究をするきっかけをつくってくださり，またその後も道標となって下さった故小寺初世子先生に衷心より御礼を申し上げると共に，ご冥福をお祈りし，本書を捧げたい。

　そして，同大学在学中から現在に至るまで，まるで本当の親子のように接してくださっている高田敏教授（大阪国際大学名誉教授）・敏子ご夫妻には，言葉では言い尽くせないほどの多大な激励を賜り続けている。ここに，心より感謝を申し上げたい。

　厳しい出版事情にもかかわらず本書の出版に際してご尽力くださった，信山社の渡辺左近氏と，なかなか校正を上げない私を励ましてくださった鳥本裕子さんには，心よりお礼を申し上げる次第である。

　最後に，私事で恐縮ではあるが，幾度もくじけそうになりながらも博士論文の執筆を完了することができたのは，父の龍平，母の加代子，兄の真一，そして叔父である入口豊のあらゆる面でのサポートがあったからである。思い返せば，社会人チームの近鉄ラグビー部のコーチをしていた父，寮母をしていた母のお陰で小学校1年から高校1年に至るまで，近鉄花園ラグビー場の中に住居を構え，近鉄の若い屈強なラガーマンたちと一緒に「ラグビー場の娘」として「体育会系男社会」の中で育った私が，女性の権利を研究することになったのであるから，周囲は驚くばかりのようである。

現在学究生活を送ることができるのは，全面的に私の仕事を応援してくれる家族がいてこそである。とりわけ，縁あって一緒になってから出産・子育てと慌しく過ごしている中，最大限に研究のための時間を確保してくれている夫の米岡知廣，いつも笑顔でサポートしてくれている米岡の両親の存在が無くては，本書を刊行することは不可能であった。そしてかような研究をしている私の元に生まれてきてくれた幼い娘の穂が，成長した後に一度は本書を手にすることを祈りつつ。

　　　2007年2月

　　　　　　　　　　　　　　　　　　　　　　　谷口　真由美

目　次

序　章 …………………………………………………………………………… 1

第 1 章　「リプロダクティブ・ライツ」及び「リプロダクティブ・ヘルス」概念の生成 ……………………………………… 5

第 1 節　概念をめぐる問題点 …………………………………………… 5

第 2 節　「リプロダクティブ・ライツ」……………………………… 8
　　第 1 項　「リプロダクティブ・ライツ」概念の定義 (8)
　　第 2 項　「リプロダクティブ・ライツ」概念の出現の背景 (9)
　　第 3 項　概念を構成する要素 (17)

第 3 節　「リプロダクティブ・ヘルス」…………………………… 23
　　第 1 項　「リプロダクティブ・ヘルス」概念の定義 (23)
　　第 2 項　「リプロダクティブ・ヘルス」概念の出現の背景 (24)
　　第 3 項　概念を構成する要素 (28)

第 4 節　小　括 …………………………………………………………… 34

第 2 章　国際文書における「リプロダクティブ・ライツ」及び「リプロダクティブ・ヘルス」概念の萌芽と発展 … 37

第 1 節　カイロ会議まで ………………………………………………… 39
　　第 1 項　女性差別撤廃宣言 (39)
　　第 2 項　世界人権会議：テヘラン宣言 (41)
　　第 3 項　第 1 回世界女性会議：メキシコ宣言 (41)
　　第 4 項　女子差別撤廃条約 (43)
　　第 5 項　第 2 回世界女性会議：国連婦人の10年後半期行動プログラム (44)
　　第 6 項　第 3 回世界女性会議：ナイロビ将来戦略 (45)
　　第 7 項　主要 6 人権条約に基づく政府報告作成要領 (47)
　　第 8 項　国連環境開発会議：アジェンダ21 (50)
　　第 9 項　世界人権会議：ウィーン宣言及び行動計画 (51)

第2節　カイロ会議 …………………………………………………………52
　第3節　カイロ会議以降 ……………………………………………………55
　　第1項　第4回世界女性会議（北京会議）(55)
　　第2項　カイロ会議＋5 (57)
　　第3項　北京会議＋5 (59)
　第4節　小　括 ………………………………………………………………61

第3章　「リプロダクティブ・ライツ」及び「リプロダクティブ・ヘルス」と人権条約 …………………………………………………63

　第1節　関連人権条約上の規定 ……………………………………………63
　　第1項　生命及び生存の権利 (63)
　　第2項　自由及び安全の権利 (64)
　　第3項　最高水準の健康権 (65)
　　第4項　科学的進歩を享受する権利 (67)
　　第5項　表現の自由 (67)
　　第6項　教育についての権利 (68)
　　第7項　プライバシー及び家族を形成する権利 (70)
　　第8項　あらゆる形態の差別からの自由 (71)
　　第9項　まとめ (73)
　第2節　主要人権条約及び条約機関における実行 ………………………74
　　第1項　プライバシー（私生活）及び家族生活 (74)
　　第2項　暴　力 (81)
　　第3項　FGM及び他の有害な伝統的慣行 (89)
　　第4項　売春及びトラフィッキング（人身売買）(93)
　　第5項　ヘルスサービス全般 (97)
　　第6項　リプロダクティブ・ヘルス全般 (99)
　　第7項　避妊及び家族計画 (105)
　　第8項　性教育 (107)
　　第9項　中　絶 (111)
　　第10項　HIV/AIDSを含む性感染症（STIs）(114)
　　第11項　雇用とリプロダクティブ・ヘルス (115)
　　第12項　その他 (117)
　　第13項　その他の条約機関の動向 (119)
　第3節　小　括 ………………………………………………………………119

第4章　日本における「リプロダクティブ・ライツ」及び
　　　　「リプロダクティブ・ヘルス」の受容と現状…………123
　第1節　従来の動向………………………………………………124
　第2節　「リプロダクティブ・ライツ」及び「リプロダクティブ・
　　　　　ヘルス」をめぐる日本の現状………………………130
　　第1項　アメリカにおけるバックラッシュ（131）
　　第2項　日本の現状（133）
　　第3項　評　価（139）
　第3節　少子化……………………………………………………140
　　第1項　少子化の要因と影響（141）
　　第2項　少子化対策基本法（142）
　第4節　優生保護法改正…………………………………………144
　　第1項　優生思想（144）
　　第2項　優生保護法から母体保護法へ（147）
　第5節　中絶問題…………………………………………………152
　　第1項　中絶の決定権者（153）
　　第2項　刑法における堕胎罪（159）

第5章　終　　章……………………………………………………163

資料Ⅰ：リプロダクティブ・ヘルス及び自己決定に対応する国際人権文
　　　　書の規定（166）
資料Ⅱ：少子化社会対策基本法（168）
資料Ⅲ：少子化社会対策基本法案に対する附帯決議（173）
資料Ⅳ：母体保護法（174）

主要参考文献（185）

序　章

　1990年代になってから，性と生殖に関する人権を議論する国際フォーラムや国際文書において「リプロダクティブ・ライツ（reproductive rights）」及び「リプロダクティブ・ヘルス（reproductive health）」という用語が盛んに用いられるようになってきている。しかしながら，これらの概念の具体的な内容は明らかではない。両者の概念は，これを用いる者により，ときに混同され，また，必ずしも共通の理解をもって使用されているわけではない。さらに，両概念の不明瞭さから生じる見解の相違から，これらの概念は宗教的・文化的背景などを異にする人々によって異なる意味で使用され，また，都合よく使用されることもある。例えば，本稿において論証するように，「リプロダクティブ・ライツ」及び「リプロダクティブ・ヘルス」概念は，国際社会においてすでに認められている諸権利の「複合体」であるから，国際会議においては，両概念を構成する権利の内容に対立があるにもかかわらず，妥協の産物として，これらの概念が使用されることがある。そして，このことも，これら両概念の内容を不明瞭にしている原因である。

　本稿の目的は，端的にいえば，「リプロダクティブ・ライツ」及び「リプロダクティブ・ヘルス」概念の内容を明らかにし，この両概念を用いることの意義を明らかにすることにある。そのため，本稿は，以下の順序で論述する。

　まず，第1章では，「リプロダクティブ・ライツ」及び「リプロダクティブ・ヘルス」概念が出現する背景を明らかにし，両概念の内容をひとまず確定しておくために，両概念の構成要素を抽出する。ここに，「ひとまず」と述べたのは，これら両概念が現在でも日々に深化し，豊富化されつ

つある現状を考慮し，本稿における両概念の構成要素の確定が，将来における両概念の発展を妨げる趣旨をもたないことを明らかにするためである。
第1章は，「リプロダクティブ・ライツ」及び「リプロダクティブ・ヘルス」概念が国際フォーラムの場に出現する背景と，これら両概念の定義及び構成要素に関して，これらの概念が国際フォーラムではじめて登場する1994年の「第3回国際人口・開発会議 (International Conference on Population and Development: ICPD)」(以下「カイロ会議」という) が採択した成果文書を手がかりとして論ずる。

第2章では，「リプロダクティブ・ライツ」及び「リプロダクティブ・ヘルス」概念が，国際社会において，どのようにして登場し，発展を遂げてきたのかを検討する。ここで検討される素材は，法的拘束力をもつ条約に限られず，広く国際社会における合意や，国際社会の認識の深化を示す文書に及ぶ。

第3章では，「リプロダクティブ・ライツ」及び「リプロダクティブ・ヘルス」概念が，人権保護を目的とする条約（以下「人権条約」という）においてどの程度実定法化しているのか，また，それらの規定の解釈に関し，人権条約の履行監視機関として設置された国際組織（以下「条約機関」ということがある。）がどのような実行を展開しているのかを検討する。検討の対象となる条約及びその条約機関は，「経済的，社会的及び文化的権利に関する国際規約」（以下「社会権規約」という），及びその履行監視機関である「経済的，社会的及び文化的権利に関する委員会」（以下「社会権規約委員会」という），「市民的及び政治的権利に関する国際規約」（以下「自由権規約」という），及びその履行監視機関である「人権委員会」（以下「規約人権委員会」という），「女子に対するあらゆる形態の差別を禁止する条約」（以下「女子差別撤廃条約」という），及びその履行監視機関である「女子に対する差別の撤廃に関する委員会」（以下「女子差別撤廃委員会」という），そして，「児童の権利に関する国際条約」（以下「児童権利条約」という），及びその履行監視機関である「児童の権利に関する委員会」（以下「児童権利委員会」という）である。

第3章では，条約機関の解釈にも触れる。そのため，各条約機関が採択

する「一般的な性格を有する意見（General Comment）」（以下「一般的意見」という。）や，「一般的な性格を有する勧告（General Recommendation）」（以下「一般的勧告」という），「最終所見（Concluding Observation）」を含めて検討する。

第4章は，日本と「リプロダクティブ・ライツ」及び「リプロダクティブ・ヘルス」概念のかかわりあいを論ずるものである。ここでは，まず，日本が「リプロダクティブ・ライツ」及び「リプロダクティブ・ヘルス」概念を国内に取り入れてきた経緯を分析し，次いで，この両概念が日本に及ぼし，また，及ぼし得る問題領域にとして，特に，少子化問題，優生保護法の改正問題及び妊娠中絶問題をとりあげ，これを「リプロダクティブ・ライツ」及び「リプロダクティブ・ヘルス」の観点からそれぞれ評価する。

終章たる第5章では，以上の論述を総合的に要約するとともに，今後の課題を明らかにしたい。特に，「リプロダクティブ・ライツ」及び「リプロダクティブ・ヘルス」概念のより詳細な検討のためには，それを構成する諸権利の内容と性質，これらの権利が規律する場面を詳細かつ緻密に検討し，もって，「リプロダクティブ・ヘルス」及び「リプロダクティブ・ライツ」概念の理論化を行わなければならないことを指摘する。

最後に，先行研究について，若干触れておくこととする。諸外国においては，1987年には既に人口問題と「リプロダクティブ・ライツ」に焦点をあてた論文があり[1]，また，国際人権法の分野においても「リプロダクティブ・ライツ」概念に関する論文もある[2]。さらに雑誌の特集に組まれることもある[3]。しかしながら，これまで日本においては，本格的な「リプロダクティブ・ライツ」及び「リプロダクティブ・ヘルス」概念に関する体系的な研究はなされていない。特に，法的な分析を加えたものはほぼ存在しないといえよう。日本における法学の観点からの「リプロダクティブ・ライツ」及び「リプロダクティブ・ヘルス」概念に関する研究は，谷口真由美・森口佳樹「リプロダクティブ・ヘルス／ライツ概念の形成とその意義」（1999年）[4]が最初であり，特に，国際法学的観点からの本格的な論文

---

1 B.Hartmann, *Reproductive Rights & Wrongs – The Global Politics of Population Control* (South End Press, 1987).

は，谷口真由美「リプロダクティブ・ライツとリプロダクティブ・ヘルスの関係―カイロ行動計画を素材として」(2002年)[5]である。日本においてもジェンダー学[6]や開発学[7]，医学[8]等の分野では，少しずつではあるが研究がなされているが，これらの分野の研究も未だ不十分である。以上のように，本稿は，日本において，「リプロダクティブ・ライツ」及び「リプロダクティブ・ヘルス」概念に関して，国際法学的観点から本格的に考察を加えたものであり，そのような意義がある。

2　R. J. Cook, International Protection of Women's Reproductive Rights, *New York University Journal of International Law and Politics*, Vol.24, No.2, 1992, pp.645-727. R.J. Cook and M. F. Fathalla, Duties to Implement Reproductive Rights, *Nordic Journal of International Law*, Vol.67,No.1,1998, pp.1-16. R. J. Cook ed., *Human Rights of Women – National and International Perspectives –* (University of Pennsylvania Press, 1994). S.Coliver ed., *The Right to Know – Human Rights and Access to reproductive health information* (University of Pennsylvania Press, 1995). M.K.Eriksson, *Reproductive Freedom – In the Context of International Human Rights and Humanitarian Law* (Nijhoff, 2000).

3　例えば，*Nordic Journal of International Law* の Vol.67, No.1, 1998 は所収の論文すべてが「リプロダクティブ・ライツ」に関するものである。

4　「経済理論」(和歌山大学) 第290号 (1999年7月) 83-105頁。

5　世界人権問題研究センター「研究紀要」第7号 (2002年6月) 347-371頁。

6　原ひろ子＝根村直美編著『健康とジェンダー』(明石書店，2000年) 及び，ヤンソン柳沢由実子『リプロダクティブ・ヘルス／ライツ―からだと性・わたしを生きる―』(国土社，1997年) 等がある。

7　田中由美子ほか編著『開発とジェンダー―エンパワーメントの国際協力―』(国際協力出版会，2002年)。また，上野千鶴子＝綿貫礼子編著『リプロダクティブ・ヘルスと環境―共に生きる世界へ』(工作舎，1996年) がある。

8　例えば，医学の分野では我妻堯『リプロダクティブヘルス―グローバルな視点から性の健康をみつめる―』(南江堂，2002年)，及び武谷雄二編『新女性医学大系11　リプロダクティブヘルス』(中山書店，2001年) 等がある。

第1章 「リプロダクティブ・ライツ」及び「リプロダクティブ・ヘルス」概念の生成

　国際社会において，「リプロダクティブ・ライツ」及び「リプロダクティブ・ヘルス」という概念が発生したのは比較的最近のことであり，これらの概念については誤解や混同もみられる。そのため，これらの概念の発生の経緯を明らかにし，その内容をひとまず確定しておくことが必要である。これが，本章の課題である。

　本章の第1節では，まず，このような作業を行う必要性に関し，日本におけるこれらの用語の使用法をめぐる問題点を指摘する。次いで，第2節において，「リプロダクティブ・ライツ」概念の出現の背景と内容を，第3節において，「リプロダクティブ・ヘルス」概念の出現の背景と内容を，それぞれ明らかにする。

第1節　概念をめぐる問題点

　近年，日本国内においても，さまざまな局面で「リプロダクティブ・ライツ」及び「リプロダクティブ・ヘルス」という言葉が使用されてきている。しかし，日本における「リプロダクティブ・ライツ」及び「リプロダクティブ・ヘルス」概念の訳語やその使用法については，次のような2つの問題がある。

　第1に，これらの概念は，日本語では，「リプロダクティブ・ヘルス／ライツ（reproductive health/rights）」と表記され，「性と生殖に関する健康・権利」と訳出されることが多い。「リプロダクティブ・ヘルス／ライツ」という表記は日本特有のものであり，他の諸国や国際機関では使用されて

いない。そのような日本特有の表記のままで，政府が策定する基本計画を始めとして，さまざまな地方自治体でも「リプロダクティブ・ヘルス／ライツ」という言葉が使用されているのが現状である。

　この表記法は，カイロ会議の「行動計画」（以下「カイロ行動計画」という。）の外務省訳に収められている次の注記[1]に端を発している。

　　リプロダクティブヘルス（reproductive health）の内容は本行動計画第7章2項にあるとおりであるが，日本語の訳語については，適切なものが見当たらないところ，カタカナ表記とすることとした。但し，1994年1月の人口と開発に関する賢人会議で採択された「東京宣言」及び1995年6月8日参議院厚生委員会で採択された「優生保護法の一部を改正する法律案に対する附帯決議」においては「性と生殖に関する健康」との訳語が付されており，併せて，リプロダクティブライツ（reproductive rights）についても「性と生殖に関する権利」と訳されている。また一部では「生殖と性に関する健康（health）／権利（rights）」と訳されている。

　カイロ会議以前の段階では，「リプロダクティブ・ヘルス／ライツ」が「妊娠，出産に関する健康・権利」と訳出されていたこともあった[2]。外務省は，上述のように，賢人会議[3]における訳語に鑑み，「リプロダクティブ・ヘルス／ライツ」をひとまず「性と生殖の健康・権利」[4]と訳し，常に，「リプロダクティブ・ヘルス／ライツ（仮訳　性と生殖の健康・権利）」（下線筆者）と表記していた。

　外務省は，その後2000年頃まで「仮訳」という言葉を付してきたが，男女共同参画社会基本法の成立とほぼ同時期に，この「仮訳」という言葉をはずして，「リプロダクティブ・ヘルス／ライツ」という表記法と，「性と生殖の健康・権利」という訳語を用いるようになった。そのような状況のなかで，最近では邦訳を付さず，そのままカタカナ表記にしている例も見受けられる[5]。しかし，「性と生殖の健康・権利」という訳語をみただけでは，その内容がいかなるものであるのかは明確ではない。その内容を探

　1　外務省監訳『国際人口・開発会議「行動計画」』（世界の動き社，1996年）3頁。

求することが必要である。

　第2の問題は，「リプロダクティブ・ヘルス／ライツ」が誤解を招きかねないということである。この言葉から受ける印象として，「リプロダク

2　ヤンソン・前掲序章（注6）14頁。また，著者はこの書物のなかで，「リプロダクティブ・ヘルス／ライツ」についての重要な論点を明示しているので，以下長くなるが引用する。「からだと性の自立とは，性・セックスと生殖・子づくりに関して，女性が主体的になることを意味する。性に関することがらについて，いままで女性は受け身で，なにも知らないほうがよいとされてきたため，自分で決めることもできず，夫や医者や法律に重要な決定をゆだねてきた歴史があるが，ここでもっと自分のからだを知り，自分のからだをコントロールしようということ。わかりやすく言えば，『からだこそ，わたしたち自身』という考え方である。子どもを産むか産まないかのところで自決権がなければ，女性の本当の自立はないという主張である。……こうして，『からだ・わたしたち自身』という考え方は，しだいに女性のからだを囲む環境，社会制度，法律を変える運動に発展していった。性と生殖活動と生殖器官に関する健康をリプロダクティブ・ヘルスと総称するようになったのは，1980年代になってからのことである。そして，避妊・中絶・出産について，避妊手段を選ぶのも，中絶を選ぶのも，また誰といつ何人子どもをつくるかを決めるのも，女性が持つ基本的な権利であるとするリプロダクティブ・ライツの主張もまた，80年代の女性の健康運動のなかから生まれてきたのである。」と述べている。

3　堂本暁子『立ち上がる地球市民―NGOと政治をつなぐ―』（河出書房新社，1995年）118-123頁。これによると，賢人会議に日本のNGO代表として出席していた原ひろ子氏（お茶の水女子大学教授〔当時〕）が，東京宣言における文言をチェックしていたところ，「リプロダクティブ・ヘルス／ライツ」が「妊娠と出産に関する健康／権利」と訳されていることを知り議長に働きかけ，議長から外務省，外務省から厚生省に問い合わせ，邦訳を変更する権限を与えられたのである。

4　堂本・前掲118-123頁。これによると，カイロ会議前に「リプロダクティブ・ヘルス」が「妊娠と出産に関する健康」と概念を限定されて訳されていることに危機感を感じた，当時の研究者・国会議員・NGOのメンバー等がネットワークを構築し，当時の外務省，厚生省に働きかけた様子がよくわかる。また，芦野由利子「リプロダクティブ・ヘルス／ライツと避妊・中絶を選ぶ権利」インパクション89　人口が問題なのか？～リプロダクティブ・ライツの逆襲―（1994年）37頁も詳しい。

5　これについては，本書第4章を参照されたい。

ティブ・ライツ」が,「リプロダクティブ・ヘルス」を保障するための権利であるというふうに受け止められかねない。果たしてそうなのであろうか。この点を検討するためにも,「リプロダクティブ・ライツ」及び「リプロダクティブ・ヘルス」概念の発生の経緯と,その内容を確定する必要があるのである。

　国際フォーラムにおいて,「リプロダクティブ・ライツ」及び「リプロダクティブ・ヘルス」という言葉がはじめて用いられたのは,1994年のカイロ会議である。しかし,国際社会に両概念が出現する背景は異なり,それぞれが別の局面から発生し,派生してきたものであるといえる。以下では,この点を検討する。

第2節　「リプロダクティブ・ライツ」

第1項　「リプロダクティブ・ライツ」概念の定義

　「リプロダクティブ・ライツ」の定義に関し,現在国際社会で最もよく使用されているものは,カイロ行動計画（1995年）における以下の定義である。

　　　リプロダクティブライツは,国内法,人権に関する国際文書,ならびに国連で合意したその他関連文書ですでに認められた人権の一部をなす。これらの権利は,すべてのカップルと個人が自分達の子どもの数,出産間隔,ならびに出産する時を責任を持って自由に決定でき,そのための情報と手段を得ることができるという基本的権利,ならびに最高水準の性に関する健康およびリプロダクティブヘルスを得る権利を認めることにより成立している。その権利には,人権に関する文書にうたわれているように,差別,強制,暴力を受けることなく,生殖に関する決定を行なえる権利も含まれている。この権利を行使するにあたっては,現在の子どもと将来生まれてくる子どものニーズおよび地域社会に対する責任を考慮に入れなければならない。すべての人々がこれらの権利を責任を持って行使できるよう推進することが,家族計画を含むリプロダクティ

ブヘルスの分野において政府および，地域が支援する政策とプログラムの根底になければならない。このような取組の一環として，相互に尊敬しあう対等な男女関係を促進し，特に思春期の若者が自分のセクシャリティに積極的に，かつ責任を持って対処できるよう，教育とサービスのニーズを満たすことに最大の関心を払わなければならない。世界の多くの人々は，以下のような諸要因からリプロダクティブヘルスを享受できないでいる。すなわち，人間のセクシュアリティに関する不充分な知識，リプロダクティブヘルスについての不適切または質の低い情報とサービス，危険性の高い性行動の蔓延，差別的な社会慣習，女性と少女に対する否定的な態度，多くの女性と少女が自らの人生のなかの性と生殖に関し限られた権限しか持たないことである。思春期の若者は特に弱い立場にある。これらは大部分の国では情報と関連サービスが不足しているためである。高齢の男女は性に関する健康およびリプロダクティブヘルスについて特有の問題を抱えているが，十分な対応がなされていない場合が多い[6]。

　この定義は，極めて長く，また，広範で多岐にわたる。そのため，この定義を一見しただけでは，「リプロダクティブ・ライツ」の内容は判然としない。そこで，以下では，この定義の内容を明確化するひとつの手がかりとして，この概念の出現の背景と，この概念が内包していると考えられる権利を明確にしておきたい。

第2項　「リプロダクティブ・ライツ」概念の出現の背景

　「リプロダクティブ・ライツ」概念出現の歴史には，大きく分けて2つの流れがある。第1は欧米における中絶権獲得の動き，そして，第2は人口問題である。後者の人口問題は，さらに2つの意味がある。それは，途上国である南の諸国における人口爆発に対する人口管理政策（バース・コントロール）と，欧米での優生学に基づいた人口管理政策への女性の反発，

---

[6]　A/CONF.171/13, para.7.3.

である。双方の流れの中心に据えられていた目的は，国家の法及び政策に対する「女性の自己決定権」獲得であった。

まず，第1の流れの端緒は，1960年代[7]に欧米[8]においてフェミニズム運動[9]が盛んになり，男女平等の制度の確立と女性の労働権を求める機運

---

7 1960年代以前の世界の中絶の歴史については，以下の本が紀元前約2000年のシュメール法典から最近の中絶の議論までが記されており，詳しい。R.Rosenblatt, *Life Itself* (Random House, 1992). (邦訳は，ロジャー・ローゼンブラッド (くぼたのぞみ訳)『中絶—生命をどう考えるか—』〔晶文社，1996年〕参照) また，アメリカにおける「リプロダクティブ・ライツ」に関する判決については，以下参照。E.F.Knappman and K.C.DuPont, *Women's Rights on Trial – 101 Historic American Trials from Anne Hutchinson to the Virginia Military Institute cadets* (New England Publishing, 1997), pp.149-211. これによると，アメリカにおける「リプロダクティブ・ライツ」に関する初めての判決を，1812年の *Massachusetts v. Bangs, 9 Mass.386.* の中絶に関する判決に位置付けている。本判決は，それまでのコモン・ローは "Quickening"（妊娠して胎動を感じるようになるおよそ4-5ヵ月）までの中絶に関しては，制限的な法は存在せず違法ではなかったが，本判決により法廷意見が変化することとなる。本事件の概略は，アメリカのマサチューセッツ州で Isaiah Bangs が Lucy Holman に中絶をする目的で，殴打及び暴行を加え，更に有害なドラッグ（堕胎薬）を投与したことで起訴されたことである。Bangs は，本件においては Lucy が胎動を感じていたという証拠が無く，又，殴打及び暴行については関係ないとして無罪となるが，裁判所は中絶が毒薬を使用し行われることに対しては，今後女性が用いた場合は起訴するという内容であった。これ以降，アメリカでは妊娠4ヵ月以降の中絶を制限する法律が，1821年にコネティカット州で成立したのを皮切りに次々と成立し，1840年には26州の内10州が採用していた。そして，1965年には，全米全ての州（50州）において，女性の生命に関わる状況以外は中絶を禁止することとなる。

8 「欧米」と一口に言っても，イギリス，ドイツ，アメリカではその状況を異にする。この点につき，荻野美穂『中絶論争とアメリカ社会—身体をめぐる戦争—』（岩波書店，2001年）16-24頁。

9 1960年代の欧米のフェミニズム運動を，特に第二波フェミニズム又はラディカル・フェミニズムといい，男女間における従属と支配の諸関係は，抑圧の最も基本的な諸形態の一つと論じている。この時期のフェミニズムのスローガンは，「個人的なことは政治的である（the Personal is Politics）」である。サンドラ・ウィットワース（武者小路公秀ほか監訳）『国際ジェンダー関係論—批判理論的政治経済学に向けて—』（藤原書店，2000年）43-70頁及び139-186頁参照。

が高まると，経済的な自立とともにからだと性の自立を求め，自分のからだをコントロールする声が女性の中から上がってきたことにある[10]。この時期，フェミニズムが主張したことは以下のようなことである。すなわち，男性はセクシャリティや生殖において女性が担う諸々の役割，より一般的には，社会において女性が担う諸々の役割をコントロールすることによって，女性を支配しようとしてきた。このことに対する解放運動が，いわゆる性と生殖に関する女性の選択権を要求として掲げた「リプロダクティブ・フリーダム（reproductive freedom）」[11]獲得運動である。この言葉は突然に誕生したわけではなく，妊娠中絶における女性の自己決定権の主張が，より広い視野の中に置かれることによって得られた表現である[12]。

しかしながら，フェミニストの間で「リプロダクティブ・フリーダム」に関して意見の一致があったわけではない。特に，アメリカでは1967年の全米女性機構（National Organization for Women：NOW）の大会において，中絶禁止法反対[13]を「女性権利宣言」に盛り込むかどうかについて，フェ

---

10 E,Moen, Women's Rights and Reproductive Freedom, *HRQ*, Vol.3, No.2 (1981). pp.53-60.

11 「リプロダクティブ・フリーダム（reproductive freedom）」と「リプロダクティブ・チョイス（reproductive choice）」は，近年のフェミニスト法アプローチでは同意義であるとされている。M.K.Eriksson, *op.,cit.* pp.7-9.

　また，「リプロダクティブ・フリーダム」という表現には，「産む・産まない」という選択だけでなく，生殖＝生命の再生産に関わる事柄の全体を視野に入れて女性のあるべき・ありうべき生き方を考えるというよりポジティブな志向が含まれていると加藤は述べている。加藤秀一「女性の自己決定権の擁護──リプロダクティブ・フリーダムのために──」江原由美子編『生殖技術とジェンダー』（勁草書房，1996年）44頁。

12 加藤・前掲41-79頁。

13 中絶禁止法反対の原文は以下の通り。"[t]he right of women to control their own reproductive lives by removing from penal code laws limiting access to contraceptive information and devices, and by repealing penal laws governing abortion." NOW Bill of Rights, L. Cisler, *Unfinished Business: Birth Control and Women's Liberation, in R. Morgan ed., Sisterhood Is Powerful: An Anthology of Writings from the Women's Liberation Movement*, pp.575-576.

ミニストの間で意見が対立し，内部論争が繰り広げられた。この宣言は最終的には採択されるが，この採択に抗議し多数のメンバーがNOWから退会していったという経緯がある。現在もアメリカにおいて続くこの中絶論争の争点は，女性の特質としての母性を尊重する考え方がフェミニズムにも存在すること，人種差別や民族浄化による不妊や堕胎の歴史があったこと，世界の文化や宗教の独自性の尊重ということ等に鑑みれば，単純に中絶法反対を訴えることができない，というものであった[14]。この論争に対するフェミニズム内部での「混乱」は，現在の「リプロダクティブ・ライツ」概念を理解しようとする際の混乱と通ずるものがあるといえる。

この中絶論争は，1973年に下されたアメリカ連邦最高裁の *Roe v. Wade* 判決[15]が，女性の人工妊娠中絶決定権を憲法上のプライバシー権として承認したことでピークを迎える。裁判所は，憲法にいうプライバシー権には，

---

14 中絶に関するフェミニストの関心の発展について述べたものとして，以下参照。R.P.Petchesky, *Abortion and Women's Choice: The State, Sexuality, and Reproductive Freedom* (Longman,1984). 荻野・前掲（注8）49-62頁。竹村和子『フェミニズム』（岩波書店，2000年）23-27頁等。

15 *Roe v. Wade*, 410 U.S.113. この判決は，現在のアメリカ社会における「リプロダクティブ・ライツ」を考察する上で無視できない。例えば，アメリカの代表的な法学の教科書及びその他の文献においても，この判決が19世紀以来続くアメリカの中絶論争のひとつの転機となっており，「リプロダクティブ・ライツ」として位置づけられている。C.S. Thomas, *Sex Discrimination in a Nutshell 2nd Ed* (West, 1991), pp.8-37. また，Dowrkinは，この判決を妊娠中の女性の有するアメリカ合衆国憲法上の権利としての，生殖に関する自己決定権（a right of procreative autonomy）を容認し，州は中絶を思い通りに完全に禁止する権限は有しないと宣言したと評価している。同様に，広い意味での民主的な社会には，生殖に関する自律性の原則が必ず存在するとも述べている。Dworkin. R., *Life's Dominion – An Argument about Abortion, Euthanasia, and Individual Freedom –* (Vintage Books, 1994), pp.148-178.

アメリカにおける人工妊娠中絶と憲法裁判については，大石和彦「憲法裁判における原理と政治（一）（二）（三・完）―合衆国最高裁判決 Roe v. Wade がもたらしたもの―」法学第61巻第3号，同第4号，第62巻3号を参照。また，本判決に用いられた審査基準について，藤井樹也『「権利」の発想転換』（成文堂，1998年）283-284頁を参照。

第2節 「リプロダクティブ・ライツ」

女性の妊娠を中絶するか否かの決定を包含するに十分な広がりをもつと判示している[16]。中絶反対派は，その後さまざまな運動を展開していくが，母体の生命及び健康を保護するための人工妊娠中絶には反対はしなかった[17]。

また，第2の流れは，1972年に出版されたローマ・クラブの『成長の限界』[18]の登場からも分かるように，人口爆発の恐れとその破壊的な影響の可能性が先進国で懸念され，人口増加が地球規模の環境悪化の主要な原因だとする論調が広がったことに端を発する。その結果，人間の数の増加と生態系基盤の破壊とが安易に結び付けられるようになった[19]。この議論が拡大することにより，人口管理政策が提案され，特に途上国である南の女性や欧米における貧困層の女性に対して強制的な避妊技術が押し付けられることとなった[20]。

欧米（北の諸国）の優生思想に基づく人口管理政策には，次の2点がその根底にある。第1は，出生率の階級間，ないしは人種間の格差に対する上位階級の不安と恐れである。第2は，近代西洋医学が一貫して，病気や障害＝不幸＝絶滅されるべき悪，という価値の体系に依拠し発展し続けて

16　石井美智子『人工生殖の法律学——生殖医療の発達と家族法——』（有斐閣，1994年）117-160頁。

17　石井・前掲124-126頁。

18　D.H.メドウズほか（大来佐武郎監訳）『成長の限界——ローマ・クラブ「人類の危機」レポート——』（ダイヤモンド社，1972年）参照。本書によると，「ローマ・クラブとは，1970年3月にスイス法人として設立された民間組織で，世界各国の科学者，経済学者，プランナー，教育者，経営者などから構成されており，現に政府の公職にある人たちはメンバーに含まれない。また，ローマ・クラブはいかなるイデオロギーにも偏せず，特定の国家の見解を代表するものではない。」。

19　マリア・ミース（青海恵子訳）「人間なのか人口なのか」上野＝綿貫・序章（注7）138-179頁。

20　S.Clarke, Subtle Forms of Sterilization of Abuse: A Reproductive Rights in Analysis, in R. Arditti, R. Klein and S. Minden eds., *Test Tube Women* (Zed Books,1984). pp.188–199. L.N.Jefferson, Reproductive Laws, Women of Color, and Low–Income Women, in D.K. Weisberg ed., *Application of Feminist Legal Theory to Women's Lives: Sex, Violence, Work, and Reproduction* (Temple University Press, 1996), pp.1007-1018.

きたことである。そのため,現在でも出生前診断及びその結果に基づいて中絶や胎児手術,あるいは遺伝子治療等が行われている。

他方,南の諸国における人口爆発に対する人口管理政策は,特に1970年代になり表面化してきた。例えば,アメリカでは,実験段階で発癌性の疑いの持たれていた避妊薬,健康に有害な作用があったために認可されなかった避妊薬,重大な副作用に加えて死者も出たために販売中止となった避妊のための子宮内リング[21]等が,南の諸国へ輸出された。その際,南の女性たちにインフォームド・コンセントもなく,女性たちがさまざまな副作用を訴えても使用され続けた[22]。また,南の女性に対する不妊手術も相当行われたという[23]。これらの動きは,人口管理政策に反対する南の女性たちの,「リプロダクティブ・ライツ」獲得運動へと繋がっていくこととなる。

このような状況の中,1974年に開催された「第１回世界人口会議」[24]（以下「ブカレスト会議」という）では,国連や北の国々（特にアメリカ）は人口調節をするためには家族計画が重要であると主張した。これに対し南の国々は,経済成長と人口増加には相関関係があると考え,「開発は最善の避妊法である」と主張[25]し,双方の主張は真っ向から対立した[26]。また,

---

21　S.Shainwald, "The History of the Dalkon Shield", in National Women's Network, The *Dalkon Shield* (Washington, D.C.1985), pp.1-12.

22　S. Correa, *Population and Reproductive Rights – Feminist Perspective From the South* (Zed Books, 1994), pp.56-97.

23　荻野美穂『生殖の政治学――フェミズムとバースコントロール』（山川出版社,1994年）252-262頁。

24　United Nations. *The United Nations World Population Conference, Bucharest.* (New York, 1975, Sales No. E.75.XIII.3). United Nations. *Population and Women.* (New York,1996, ST/ESA/SER.R/130), P.32.

25　この主張の背景には,当時展開していた「新国際経済秩序」の考えがある。詳細はB.Hartmann. *Reproductive Rights and Wrongs – The Global Politics and Population Control – Rev. Ed.* (South End Press, 1995), pp.108-112.

26　G.Sen., A.Germain., and L.Chen. Reconsidering Population Policies: Ethics, Development, and Strategies for Change, in Sen.G, (eds.), *Population Policies Reconsidered: Health, Empowerment, and Rights* (Harvard, 1994), pp.3-14.

第2節 「リプロダクティブ・ライツ」 15

バチカンは別の観点から北の国々の主張に反対した。この論争の両当事者とも，生殖能力と社会・経済・開発に関する理解の仕方にのみ関心を集中させており，生殖能力を女性が自ら管理することに関心があったわけではない[27]。

その後，1980年代初頭から半ばにかけて，南（ラテンアメリカ，カリブ諸国，アジア及びアフリカ）のフェミニストの間で，「リプロダクティブ・ライツ」概念が急速に形成されていく。この概念は欧米に端を発した概念ではあるが，南の諸国では独自に発展を遂げていった。南の女性たちにとって，「リプロダクティブ・ライツ」は主要な関心事となっていったのである。それは，南の女性たち自身が人口増加と環境劣化の相関関係に対する関心が高まり，それと共に，これら課題を優先的かつ緊急的に取り組むべき問題として捉えたことにある。彼女たちは，最終的に出生率を低下させられるかどうかは，一人一人の女性がより少ない子どもを持つかどうかにかかっており，このことがまた，基本的に女性の社会的・経済的状態にかかっていると力説した。つまり，女性は自らの身体に関する決定権をもつのであって，自分自身がそれについて何も知らされず，また望みもせず，その上健康に害がある可能性をもった避妊法を受け入れるよう強制されてはならない，ということである。南の女性たちがこのとき挑戦していたのは，家父長制的かつ資本主義的な人口政策の本質であった。これは北のグローバルな環境保護追求の下で，南の女性の出生率を低下させるために，南の女性たちを道具化するものであった[28]。

そして，南北のフェミニストの世界的なネットワークができあがったのは，1984年にオランダのアムステルダムで開催された「女性と健康国際会議」である[29]。この会議は，同年開催された「第2回国際人口会議」（以下「メキシコ会議」という）の対抗会議として開催されたものであり，この会

---

27 ウィットワース・前掲（注9）166-167頁。
28 R. Wiltshire, *Environment and Development: Glass Roots Women's Perspective, Development Alternatives with Women for a New Era (DAWN) platform document for the UN Conference on Environment and Development*, (Barbados. 1992).
29 S. Correa, *op., cit.*, pp.11-14.

議でのスローガンは，"Population Control No! Women Decide"（人口管理反対！女性が決める）であった。ここで，女性の意思や健康を無視した多くの人口政策の現状が報告された。この後，女性の地位を改善し，家族の規模に対する男性の態度を変えることが，出生率を下げる鍵と捉えられるようになる。

対するメキシコ会議は，1974年のブカレスト会議での活動目標を再検討し，社会・経済開発との関連で人口抑制問題を討議するものであった。アメリカ国務省国際開発局の国際人口会議のための「基本方針」文書は，「人口増加」それ自体は「善」でも「悪」でもない「中立」の現象ではあるものの，むしろ健全な社会・経済開発にとって積極的に評価すべき要素であるとし，「人間の尊厳と家族の尊重をふまえた真に自発的な人口プログラム」こそが何より重要だとしている[30]。また，人工妊娠中絶，非自発的断種，その他の強制的な人口抑制策に批判を加え，家族計画の方法として，これらの手段を直接又は間接的にサポートしている開発途上国や国際機関には，今後家族計画のための財政援助をしないと表明した。これを，「メキシコシティー政策」又は「グローバル・ギャグルール（Global Gag Rule）」という[31]。このような米国政府の人口問題への世界的なアプローチは，人口抑制方針から人口増加を積極的に評価する方針へと根本的に変化したものとうけとめられ，国の内外から大きな批判がなされた[32]。この「メキシコシティー政策」は，2007年1月現在，ブッシュ政権下のアメリカで推し進められている政策の一つである。

さて，この時期に欧米では，単なる中絶の権利獲得運動から，女性全体のための「リプロダクティブ・ライツ」を保障する幅広い運動へのシフトが起こる。これは，本人が望めば妊娠を中絶する権利を求めると同時に，強制的な不妊処置や強制的な中絶に反対することも，その運動に含まれることとなった[33]。そしてさらに，南北の女性のネットワークは継続し，そ

---

30 木村利人「家族計画のルーツと展望」看護学雑誌48巻11号（1984年）1301-1304頁。
31 本書第4章第1節第3項参照。
32 木村・前掲1301頁。

のネットワークでの議論を通して,「リプロダクティブ・ライツ」を権利として醸成し,カイロ会議へと続くこととなる。

第3項　概念を構成する要素

次に,カイロ会議の成果文書であるカイロ行動計画の「リプロダクティブ・ライツ」の定義に基づき,同概念を構成する権利について概観することとする。カイロ行動計画によると,「リプロダクティブ・ライツは,国内法,人権に関する国際文書,及び国連で合意されたその他関連文書ですでに認められた人権の一部をなす」[34]とされている。

カイロ行動計画の定義で述べられているのは,次の2つの権利である。①「リプロダクテションに関する自己決定権」,及び②「リプロダクティブ・ヘルスケアへの権利」である。しかしながら,カイロ行動計画は各国政府が上記の権利を保障するために,具体的にどのような法的責任を負うかについて明らかにしていない[35]。つまり,これらの権利が保障されるためには,具体的にすでに認められた人権を明らかにしなければならないのである。

さまざまな人権の「複合体」である「リプロダクティブ・ライツ」について,Cookは,これを以下の8項目に分類している。すなわち,(1)生命及び生存の権利,(2)自由及び安全の権利,(3)最高水準の健康権,(4)科学的進歩を享受する権利,(5)表現の自由,(6)教育についての権利,(7)プライバシー及び家族を形成する権利,(8)あらゆる形態の差別からの自由についてである[36]。以下,この分類に従い,この(1)から(8)までの権利について,順

33　ジェフェリー・ウィークス（上野千鶴子監訳）『セクシュアリティ』（河出書房新社,1996年）216頁。

34　カイロ行動計画 para7.3.

35　R.J.Cook and M.F.Fathalla, Advancing Reproductive Rights Beyond Cairo to Beijing, Women and International Human Rights Law, in K.D. Askin and D.M. Koening eds., *Women and International Human Rights Law Volume 3* (Transnational Publishers, 2001). p.74.

36　R.J.Cook and M.F.Fathalla, *ibid*., pp.78-88.

を追って概観する。なお，それぞれの権利に対応する国際人権文書の関連規定については，巻末資料表Ⅰを参照されたい。

(1) 生命及び生存の権利

毎年，妊娠が原因で死亡する女性は50万人を超えるといわれている。これは，政府が妊産婦死亡率を下げるための責任を果たしていない結果であるといえ，生命に対する権利の侵害であるといえる。また，出産の間隔や出生調節の欠如は，女性の生存と健康を危険にさらしている。そのためにも，効果的な避妊法が必要であるといえる。それにより，毎年危険な中絶により死亡する20万人を越す女性の数は，減少させることができるであろう。女性が避妊に失敗し，その結果望まない妊娠をした場合は，死亡の危険性を減らすためにも安全な中絶が必要である。

(2) 自由及び安全の権利

リプロダクションに関する自己決定権を行使するために，自由及び安全の権利は様々な意味をもっている。これは中絶の問題と深く関わっており，中絶に関して懲罰的な法規を有している国家は，女性の自由及び安全の権利を侵害しているといえる。また，政府が強制不妊や強制中絶を行ったり，反対に避妊，自発的な不妊手術等に関して刑罰を科すことも権利の侵害である。そして女性性器切除（Female Genital Mutilation：以下「FGM」という）の問題について各国政府は，カイロ行動計画及び北京行動綱領において禁止規定を設け，廃絶することで合意した。さらに，拷問及び非人道的扱いからの自由及び安全の権利については，特に性暴力に関してその重要性が強調されている。

(3) 最高水準の健康権

カイロ行動計画及び北京行動綱領は，女性の観点から「リプロダクティブ・ヘルス」に関する最高水準の権利を有すると述べている[37]。この点で

---

37 カイロ行動計画 paras.7.5, 7.23.

重要なことは，生涯を通じて「入手可能で (affordable)」，「利用しやすい (accessible)」，「受け入れ可能な (acceptable)」満足のいくサービスを得ることであり，この最後の条件にはよりよいサービスの質のためにジェンダーに配慮が必要であるとされている[38]。例えば，途上国においては婚姻し生殖年齢にある女性7470万人のうち，3500万人が避妊をしていないという。また，個人はHIV/AIDSをはじめとする性感染症（Sexual Transmittal Infections：以下「STIs」という）の問題についても，感染した場合は適切な治療とカウンセリングを受ける権利を有している。つまり，生涯を通じて「リプロダクティブ・ヘルス」に関する最高水準の権利を個人が有しているということである。

(4) 科学的進歩を享受する権利

リプロダクティブ・ヘルスケアは，「リプロダクティブ・ヘルスに関わる諸問題の予防，解決を通じて，リプロダクティブ・ヘルスとその良好な状態に寄与する一連の方法，技術，サービスの総体」と定義[39]されるように，リプロダクティブ・ヘルスケアには技術が不可欠である。例えば，HIV/AIDS及びその他のSTIsに関する調査が行われ，適切な治療を受けることができること，望まない妊娠を回避する技術を得ること，経口避妊薬（ピル）が認可されていない国での手術を伴わない中絶及び緊急避妊[40]，不妊等による生殖技術[41]を得ること等が含まれる。男女とも当該権利を有しており，政府は，「リプロダクティブ・ヘルス」の調査のために最善を尽くさなければならない[42]。

---

38 *Ibid.*, para.7.23.
39 *Ibid.*, para.7.2.
40 R.J.Cook and M.F.Fathalla, *op., cit.*, P.84.
41 これら生殖技術の運用については，現在多方面で議論が進んでおり，日本では2003年12月現在，厚生労働省が設置している「厚生科学審議会生殖補助医療部会」が当該議論を行っている。http://www.mhlw.go.jp/shingi/kousei.html#k−seisyoku（2003年12月アクセス）。
42 カイロ行動計画 *op.,cit.*, para.12.14.

(5) 情報への権利[43]

リプロダクティブ・ヘルスに関する情報を得る権利（知る権利[44]）は，特に家族計画に関する情報を得ることがその中心であるといえる。カイロ行動計画は，人間のセクシュアリティに関する不十分な知識，リプロダクティブ・ヘルスについての不適切または質の低い情報とサービスが，人々がリプロダクティブ・ヘルスを享受できない要因の一つであり，特に大部分の国では思春期の若者は性と生殖についての情報と関連サービスが不足していると述べている[45]。また，女性がリプロダクティブ・ヘルスに関する情報を得ようとする際，敬意をもって扱われること，プライバシーや秘密保持を保障されることなく，リプロダクティブ・ヘルスに関する選択肢及び利用可能なサービスに関する情報も，必ずしも十分に与えられていない[46]。特に，前項(4)の科学的進歩を享受する権利を保障するためには，正しい情報を得ることが不可欠である。例えば，モラルの問題等により，避妊が刑罰の対象になっている国家もある[47]。また，避妊に関しては，責任あるインフォームド・コンセントに基づいて選択されているか等の問題も含まれる[48]。

(6) 教育についての権利

健康を推進し保障していく上で，特に重要なのは教育である。思春期の

---

43 Cook の原文では，"Receiving and Imparting Information" となっているが，ここでは「情報への権利」と訳した。

44 S. Coliver, The Right to Information Necessary for Reproductive Health and Choice under International Law, pp.38-82, *The Right to Know: Human rights and access to reproductive information* (University of Pennsylvania 1995).

45 カイロ行動計画 *op.,cit.*, paras.7.3,7.20.

46 *Ibid.*, para.7.23.

47 R.J.Cook and M.F.Fathalla, *op., cit.*, P.85.

48 これらの問題が認識される背景には，1970年代にアメリカで起こった子宮内リング（IUD）を巡る事件がある。Sybil Shainwald, *The History of the Dalkon Shield, in National Women's Network, The Dalkon Shield* (Washington, D.C.1985) pp.1-12.

若者[49]の性行動についても，家族計画にしても教育を受ける権利が重要である。「リプロダクティブ・ヘルス」を推進する上で重要なことは，女性に対する教育であり，これは乳幼児の生存や子どもが健康に成長する上で欠かすことはできない。「国際連合教育科学文化機関」（以下「UNESCO」という。）の統計によると，世界に8,760万人いる非識字者のうち女性が全体の3分の2を占めるという[50]。男女の識字の格差の問題は依然として存在しており，この原因の一つとして，若い女性が妊娠した結果学校を離れなければならないことが挙げられており[51]，これは女性の教育を受ける機会を短縮していることになっている。また，「多くの国の……男子と比較した場合の女子の就学率の低さは，"男児志向"の姿勢が，女児の……教育，ヘルスケアにアクセスする機会を奪っている」[52]といわれており，これらの問題を解消するためには，「栄養，ヘルスケア，教育，社会・経済・政治活動，及び公平な相続権に関して，女子と男子の平等の扱いを促進するには，特別な教育及び情報普及を行う努力が必要」[53]である。

(7) プライバシー及び家族を形成する権利

いくつかの地域（特にアフリカ）では，不妊がリプロダクションに関する感染症によって引き起こされている[54]。政府はこれらの原因についての関連する情報及び教育を提供し，そして家族形成を保障するために，「リプロダクティブ・ヘルス」に関するサービスを提供しなければならない。

特に途上国のカップル及び個人は，家族を形成するための近代的な家族計画の方法が，依然利用できていない[55]。この原則が守られるためには，家族計画における自発的な選択の原則が守られていない。自発的な選択が

---

49 カイロ行動計画 *op.,cit.*, paras.7.41-7.48.
50 United Nations, *The World's Women 2000*, pp.85-101.
51 *Ibid.*, p.88.
52 カイロ行動計画 *op.cit.*, para.4.15.
53 *Ibid.*, para.4.13.
54 J.Wasserheit, The Significance and the Scope of Reproductive Tract Infections Among Third World Women, *Int'l J. GYN & OBS. 145* (1989).
55 カイロ行動計画 *op.,cit.*, para.7.13.

守られるためには、プライバシーと秘密は保障されなければならない[56]。また、リプロダクティブに関する女性の自律性が確認されなければならない。プライバシーの例として、アメリカの例でいえば、先述したように Roe v. Wade 判決において中絶をプライバシーの権利と認めたことなどを挙げることができる。

(8) あらゆる形態の差別からの自由

まず、女児に対する嬰児殺し、及び出生前の性別の選択に関する、有害かつ非倫理的な慣行を招く男児志向という概念の根本原因を排除することが必要である[57]。次に、子どもや思春期の若者のリプロダクティブ・ヘルスニーズは、現存するリプロダクティブ・ヘルスのサービスの中では、今までほとんど無視されてきたとされる。この結果、特に若い女性の望まない妊娠・出産が、女性の地位向上の障害であり続けている[58]。そして、HIV/AIDS に感染した個人が、十分な医療ケアを受け、差別を受けないよう保障されなければならない[59]。

以上(1)〜(8)まで概観したが、Cook の分類では必ずしも権利の内容が明確にはなっていない。これを直ちにここで検討する余裕はない。この点は、後にみる国際社会の動向（条約機関の動向を含む）を踏まえて、今後検討されるべき課題である。また、それぞれの権利の内容とともに、その性質、つまり、社会権的なものであるのか自由権的なものであるのかを確定し、その上で国家に課される義務の具体的な内容を明らかにする必要がある。

56　*Ibid*., para.7.23.
57　*Ibid*., para.4.16.
58　*Ibid*., para.7.41.
59　*Ibid*., paras.8.28-8.35.

第3節 「リプロダクティブ・ヘルス」

第1項 「リプロダクティブ・ヘルス」概念の定義

「リプロダクティブ・ヘルス」概念の定義として，ここでは，「リプロダクティブ・ヘルス」概念の初出例である世界保健機構（以下「WHO」という）の定義と，現在国際社会で最もよく使用されている「リプロダクティブ・ヘルス」の定義としてカイロ行動計画における定義をみておこう。

まず，WHOが1988年に示した定義は次の通りである。

　リプロダクティブ・ヘルスとは，生殖システム及びその機能と（活動）過程のすべての側面において，単に疾病，障害がないというばかりでなく，身体的，精神的，社会的に完全に良好な状態であることを指す。これは生殖能力を持つことを意味し，女性が安全に妊娠・出産することができ，母児の生命，健康にとって安全でなければならない。人々は，健康を害することなく，安全な性生活をもつことができなければならない[60]。

次に，カイロ行動計画は次のように定義する。

　リプロダクティブヘルスとは，人間の生殖システム，その機能と（活動）過程のすべての側面において，単に疾病，障害がないというばかりでなく，身体的，精神的，社会的に完全に良好な状態であることを指す。したがって，リプロダクティブヘルスは，人々が安全で満ち足りた性生活を営むことができ，生殖能力を持ち，子供を産むか産まないか，いつ産むか，何人産むかを決める自由を持つことを意味する。この最後の条件で示唆されるのは，男女とも自ら選択した安全かつ効果的で，経済的にも無理がなく，受け入れやすい家族計画の方法，ならびに法に反しな

---

[60] M.F. Fathalla, Reproductive health in the world: two decades of progress and the challenge ahead, in *WHO: Special programme for Research, Development and Research Training for Human Reproduction, Reproductive Health: a key to a brighter future. Biennial Report 1990-1991* (Geneva, 1992). P.3.

い他の出生調節の方法についての情報を得，その方法を利用する権利，および，女性が安全に妊娠・出産でき，またカップルが健康な子どもを持てる最善の機会を与えるよう適切なヘルスケア・サービスを利用できる権利が含まれる。上記のリプロダクティブ・ヘルスの定義に則り，リプロダクティブヘルスケアは，リプロダクティブヘルスに関わる諸問題の予防，解決を通して，リプロダクティブヘルスとその良好な状態に寄与する一連の方法，技術，サービスの総体と定義される。リプロダクティブヘルスは，個人と生と個人的人間関係の高揚を目的とする性に関する健康（セクシュアルヘルス）も含み，単に生殖と性感染症に関連するカウンセリングとケアにとどまるものではない[61]。

第2項 「リプロダクティブ・ヘルス」概念の出現の背景

「リプロダクティブ・ヘルス」概念は，1960年代に欧米におけるフェミニズム運動から，特に女性の身体を対象として開発されてきた生殖技術及び生殖補助医療に関する問題[62]に端を発している。

日本においては，1999年までピルは解禁されなかったが，それまでにピルを解禁した諸国では，血栓症や吐き気，肥満などさまざまなピルの副作用が報告されるようになる。それまでの間，先進国の女性の身体を利用して，ピルの大掛かりな人体実験が行われてきたといえる。また，途上国では，特にホルモン注射や，埋め込み式ホルモン避妊薬，抗妊娠「ワクチン」などの避妊法が先進国で開発されると，まず途上国で使用されることが前提とされ，その資金源は国連人口基金（United Nations Population Fund：以下「UNFPA」という）や世界銀行（World Bank：以下「WB」という）であった。そして，主に女性を対象とし，自分の身体を自分で管理する方法ではなく，医療者によって効果的に管理する方法が研究された。そのため，集団的，強制的な使用や，女性の身体を傷つける危険性を内包し，さまざまな問題が起きてきた[63]。

61　A/CONF.171/13, para.7.2.

その後，自分のからだをコントロールするという考えは女性運動の核となり，1980年代に入り，性と生殖活動と生殖器官に関する健康を「リプロダクティブ・ヘルス」と総称するようになる。
　この用語を初めて用いた国際機関は世界保健機関（World Health Organi-

62　現在の日本においては，これらの生殖補助医療に対して政府及び医師会等がそれぞれの見解及びガイドラインを作成はしているが，法的整備は未だなされていない。そのため，精子・卵子・胚の提供等による非配偶者間人工授精（Artificial Insemination by Donor：AID），体外受精・胚移植法（In Vitro Fertilization：IVF），及び代理母による出産等の親子関係が明確ではない。父とは何か，母とは何か，法律上の父・母とは一体誰なのか，一定の定義をする必要がある。
　　また，今後は急速な科学技術の発展により，更にさまざまな問題，例えば，人工子宮，デザイナーベビー，ヒトクローンの問題についても更なる問題が生じてくると考えられる。選択の自由と生殖の自由，この両者の衡量が今後の重要な課題であろう。これらの生殖技術及び生殖補助医療の問題につき，以下の文献を参照されたい。
　　平成13年文部科学省告示第155号「ヒトES細胞の樹立及び使用に関する指針」。1983年の日本産科婦人科学会による「『体外受精・胚移植』に関する見解」，1985年同学会「ヒト精子・卵子・受精卵を取り扱う研究に関する見解」（2002年改訂），1987年同学会「死亡した胎児・新生児の臓器等を研究に用いることの是非や許容範囲についての見解」，1994年日本学術会議死と医療特別委員会「『死と医療特別委員会』最終報告書―安楽死について―」，1996年日本産科婦人科学会「『多胎妊娠』に関する見解」，1997年同学会「『非配偶者間人工授精と精子提供』に関する見解」，1998年同学会「『ヒトの体外受精・肺移植の臨床応用の範囲』ならびに『着床前診断』に関する見解」，2000年日本人類遺伝学会「遺伝学的検査に関する見解」。日本不妊学会編『新しい生殖医療技術のガイドライン』（金原出版，1996年）。劔陽子＝岩本治也＝棚村政行＝床谷文雄ほか「諸外国における生殖補助医療に係る制度に関する研究」厚生の指標第50巻第10号（2003年9月）35-48頁。床谷文雄「人工授精等の父子関係」NBL第743号30-33頁。石井美智子「人工授精等の母子関係」NBL第743号34-38頁。ジーナ・コリア（斎藤千香子訳）『マザー・マシン―知られざる生殖技術の実態―』（作品社，1993年）293-303頁。また，デザイナーベビーと未来のテクノロジーに関して，ロビン・ベイカー（村上彩訳）『セックス・イン・ザ・フューチャー―生殖技術と家族の行方―』（紀伊国屋書店，2000年）が詳しい。
63　生殖技術の発展と女性の身体の関係について，長沖暁子「南の女・北の女と生殖技術」上野＝綿貫・前掲序章（注7）99-133頁参照。

zation：以下「WHO」という。）であった。WHO は1972年に「ヒト生殖生理学特別計画[64]」（Special Programme for Research, Development and Research Training for Human Reproduction)」を設けた[65]。そこで，"Human Reproduction" の文脈で用いられていた健康アプローチである「母子保健（Maternal and Child Health)」の概念が，「リプロダクティブ・ヘルス」の基礎になっている。そもそも母子保健という概念は，WHO 及び国連児童基金（The United Nations Children's Fund：以下「UNICEF」という）が1978年に共催した「プライマリー・ヘルスケアに関する国際会議」において採択された「アルマ・アタ宣言」[66]のなかで登場した「プライマリー・ヘルスケア」[67]という概念がその基礎になっている。プライマリー・ヘルスケアを実施するために，アルマ・アタ宣言では具体的な 8 項目[68]を列挙しており，そのなかで「家族計画と母子保健サービス」が重点項目としてあげられた。ここで，家族計画に伴う母子保健サービスがヘルス・サービスの

---

[64] 訳語については，以下の文献から引用した。我妻尭「リプロダクティブ・ヘルス関連の活動」小早川隆敏編著『国際保健医療教育入門―理論から実践へ―』（国際協力出版会，1998年）231頁。

[65] その後，国連人口基金（UNFPA），世界銀行（WB），国連開発計画（UNDP）等と共同で研究及び計画を行っている。http://www.who.int/reproductive-health/hrp/index.html（2003年12月アクセス）。

[66] WHO: *Report of the International Conference on Primary Health Care, Alma Ata, USSR, Sept. 6-12*, 1978. 参考 URL：http://www.who.int/hpr/nph/docs/declaration_almaata.pdf（2007年1月アクセス）。

　アルマ・アタ宣言では，先進国と途上国の間の健康状況の不平等や，各国における政治的・社会的・経済的不平等に言及し，人々が保健医療ケアの計画と実施に対して参加する権利（right）と義務（duty）がある，また，政府は人々の適切な健康基準と社会的基準を策定する責任（responsibility）があることを明記した。

[67] アルマ・アタ宣言第 6 章「プライマリー・ヘルスケア」の原文は以下の通り。
"Primary health care is essential health care based on practical, scientifically sound and socially acceptable methods and technology made universally accessible to individuals and families in the community through their full Participation and at a cost that the community and country can afford to maintain at every stage of their development in the sprit of self-reliance and self-determination."

一環として認識されるようになった。

　しかしながら，その後，世界の女性たちは"Human Reproduction"に関する健康問題を，母子保健という形でアプローチする手法に異議を唱えた。"Human Reproduction"に関する女性の健康問題は，単に母であること，母になることだけではなく，「産む」という機能を持つ「女性」であるからこそ生ずる生殖に関する健康問題（性感染症，婦人科系の病気等）がある。また，家族計画に関しても，女性自身が自分の身体をコントロールできるとのアプローチを用いるよう主張した[69]。その結果，WHOは1988年に"Human Reproduction"に関するすべての健康問題を「リプロダクティブ・ヘルス」という用語で括り，新たなアプローチが採用されることとなった[70]。

　ここで，従来からあったWHOの健康の定義[71]を「リプロダクティブ・ヘルス」に適用し，ここでひとまず定義[72]がなされたのである。それは，前項で述べた通りである。その後，「リプロダクティブ・ヘルス」概念は時代とともに拡大され，カイロ行動計画に至ることとなる。

　カイロ行動計画の前文のパラグラフ1.8では，「人口と開発の問題に取り組むための新たな重大な機会を創造する方法は，世界全体で変化してきた。中でも，リプロダクティブ・ヘルス，家族計画と人口増加に関する世界の人々およびその指導者達の態度に生じている大きな変化は非常に重要であり，行動計画に定義されている家族計画及び性に関する健康を含めた，リプロダクティブ・ヘルスに関する新しい総合的な概念を，なかんずく，もたらす結果となっている」[73]と規定されており，「リプロダクティブ・ヘル

---

[68] アルマ・アタ宣言パラグラフ7―2によると，以下の8項目が挙げられている。すなわち，①健康教育，②水供給と生活環境，③栄養改善，④母子保健と家族計画，⑤予防接種，⑥感染症対策，⑦簡単な病気や怪我の手当て，⑧基本医薬品の供給，である。

[69] M.F.Fathalla, *From Obstetrics and Gynecology to Women's Health – The Road Ahead* (Parthenon Publishing, 1997), pp.21-30.

[70] WHO, *op., cit.*, p.64.

[71] *Ibid.*, p.65.

[72] WHO : Fathalla, *op., cit.*, p.3.

[73] カイロ行動計画 *op.,cit.*, para.1.8.

ス」概念の重要性を述べている。

第3項　概念を構成する要素

以上に述べてきたように,「リプロダクティブ・ヘルス」とは,生涯を通じた性と生殖システムに関わる健康のことであるが,この「健康」を構成している要素について,以下の既存の健康に関する6項目が挙げられる。すなわち,(1)家族計画,(2)妊産婦保健,(3)中絶の予防と安全でない中絶による合併症の管理,(4) HIV/AIDS を含む性感染症（STIs）,(5)女性への暴力,特に女性性器切除（FGM）,及び(6)環境である。以下では,この6項目に関し順を追って検討する。

(1)　家族計画[74]

前節で述べたように,家族計画は「リプロダクティブ・ヘルス」概念の登場に欠かせない要素である。家族計画とは,「母体の健康状態や家庭の経済力に応じて,最も適当な時期と間隔を決めて妊娠・出産し,望まない妊娠を避けて幸せな家庭を築くこと[75]」と定義されてきた。しかしながら,従来使用されてきたこの定義は不十分である。この定義をそのままにしておけば,いわゆる不妊状態の人が見落とされているといえるだろう。家族計画も,従来は「産みたくない」人々にどちらかと言えば重点がおかれていたように思われるが,今後は「産みたいが産めない[76]」人々にも目を向けなければならない。

---

[74] そもそも「家族計画」という言葉は,1930年代に生まれた "Family Planning" の直訳であるが,歴史的にはそれ以前（20世紀初頭）には "Birth Control"（産児調節）が使用され,その後社会の変化とともに,家族計画が使用されるようになったという。B.Hartmann, *Reproductive Rights and Wrongs – the Global Politics of Population Control* (South End Press,1995), pp.100-101.
　芦野由利子「産まない選択・いま世界では」グループ・女の人権と性編著『ア・ブ・ナ・イ生殖革命』（有斐閣, 1989年）139-141頁。

[75] 木村好秀＝齋藤益子著『家族計画指導の実際―豊かなセクシュアリティを求めて―』（医学書院, 1998年）38頁。

社会慣習上，初婚年齢が10代前半の地域も少なくはないが，母体の年齢が若いほど，妊娠中・出産児の合併症頻度，母体死亡率，また未熟児出生率も高い。逆に，母体の年齢が高く，出産回数の多い頻産婦についても，同じことがあてはまる。出産間隔が短いと，生まれてくる子の死亡率・罹病率のみではなく，すでに生まれている子どもの罹病率・死亡率が高いこともいえるという[77]。また，生殖年齢の男女が何らの手段も用いないで，性行為を続けていれば，女性は一生の間に約10回の妊娠を繰返し，そのうちの10％は流産・死産に終わるという[78]。これらを避けるために，家族計画思想の普及と，受胎調節技術[79]の指導がある。

UNFPAによれば，世界人口は既に2007年で65億人に達しており，このままだと2050年には93億人に達する見通しであるという[80]。このうち，世界人口の85％以上は途上国の人口に占められるという。人口が無制限に増加することは，自然環境と人間とのバランスを崩し，人類の将来にとっても重大な影響をもたらす。また，逆に先進国の総人口は，現在とほぼ同じ12億人のまま推移するとみられるが，出生率の低い39ヵ国では人口の減少がみられる。これらの現象は，次世代の子どもの健康に関係し，人類社会の将来に重大な影響を及ぼす。しかしながら，これまで「人口問題」は

---

76 今後は望まない不妊状態に陥っている人々が受ける生殖技術や，保育施設等の不足により出産後に働けないことを予測して産めない人々のための社会基盤整備等も考えなければいけない問題となってくるであろう。

77 小早川・前掲（注64）234頁。

78 小早川・前掲（注64）234頁。

79 受胎調節技術には，コンドーム，女性用コンドーム，経口避妊薬（ピル），子宮内避妊器具（IUD），ペサリー，殺精子剤，男性不妊手術，女性不妊手術，自然な受胎調節法等があるが，日本においてもコンドーム及び自然な受胎調節法はメジャーである。日本では他の先進国に遅れること20年を経過し，1999年に低容量ピルが医師の処方箋があれば認められたところである。日本においても，何かと難しい問題が山積している。北村邦夫「避妊法各論」北村邦夫編著『21世紀のキーワード　リプロダクティブ・ヘルス／ライツ―性と生殖に関する健康と権利―』（メディカ出版，1998年）57-75頁。

80 人口増加については様々な見解のあるところではあるが，本稿ではその詳細については触れない。

「家族計画」という名のもとに、女性の身体を通して、性・妊娠・出産を管理の対象とし、あるときは「産めよふやせよ」、あるときは「減らせ」とのスローガンを掲げてきたのである。カイロ会議では、2015年までに安全で信頼度の高いあらゆる家族計画の手段を誰もが利用できることが目標として掲げられた。

現在、家族計画には以下の要素が包含されていると考える。まず、不妊の問題であり、産みたくても産めない人たちがいかに先端の生殖技術（生殖補助医療）を享受できるかである。次に、望まない妊娠を避けるための避妊がある。そして、最後に様々な問題を含んだ胎児診断としての命の選別と生殖技術がある。

(2) 妊産婦保健

依然として、世界では妊産婦の死亡率が高い[81]。妊産婦死亡とは、「女性が妊娠中あるいは分娩後42日以内に、妊娠期間やその部位にかかわらず、妊娠に関連したあるいは妊娠により悪化した病因による死亡、また、妊娠分娩の治療管理に起因する死亡とされる。ただし、偶然に併発した病因によるもの、事故によるものは含まない」と定義される[82]。

妊産婦の主要な死亡原因は、産後の弛緩出血、妊娠中毒症、子宮破裂、不潔な出産取り扱いによる産褥感染、非合法中絶の合併症である敗血症などであり、医学的な予防法や治療法はすでに明らかである[83]。しかしながら、特に途上国では専門に教育を受けた医師や助産師が出産に立ち会うこ

---

[81] UNFPA, *The State of World Population 2006: A passage to Hope Women and International Migration* (United Nations, 2007). p.98, pp.69-75. 妊産婦死亡率とは、妊娠・出産10万に対しての妊産婦死亡の数である。以下の統計からもわかるように、先進国と途上国との格差が非常に大きい。2001年の統計であるが、北米11、中米110、カリブ海諸国400、南米200、北欧12、東欧50、西欧14、南欧12、東アジア55、東南アジア300、南・中央アジア410、西アジア230、オセアニア260、北アフリカ450、西アフリカ1,000、中央アフリカ1,000、東アフリカ1,300、南部アフリカ360、となっている。

[82] 小早川・前掲書（注64）246頁。

[83] 小早川・前掲書（注64）237頁。

第 3 節 「リプロダクティブ・ヘルス」 31

とは少なく，伝統的出産介助者がいればいい方であるという。

(3) 中絶の予防と安全でない中絶による合併症の管理

中絶についてカイロ行動計画は以下のように述べている。「いかなる場合も，妊娠中絶を家族計画の手段として奨励すべきでない。……女性の健康への取り組みを強化し，安全でない妊娠中絶が健康に及ぼす影響を公衆衛生上の重要な問題として取り上げ，……妊娠中絶への依存を軽減するよう強く求められる。……望まない妊娠をした女性には，信頼できる情報と思いやりのあるカウンセリングをいつでも利用できるようにすべきである。……妊娠中絶が法律に違反しない場合，その妊娠中絶は安全でなければならない。妊娠中絶による合併症に対しては，いかなる場合も女性が質の高いサービスを利用できるようにしなければならない[84]」。

(4) HIV/AIDS を含む性感染症（STIs）の予防及び治療

性感染症（STIs）とは，性行為または性行為に類似する行為によって感染する病気のことであり，梅毒，淋病，性器ヘルペス，クラミジア感染症，尖形コンジローム，膣トリコモナス症，B型肝炎，HIV/AIDS 等がある[85]。性感染症を予防する方法は，コンドームの使用が一番確実である。

HIV の感染経路は血液及び精液が主なため，性交渉なしにいわゆる人工授精によって感染した例があるといわれる[86]。しかし，精液の洗浄操作によって人工授精法は感染者やそのパートナーの福音になる可能性もあるといわれているが，未だ不明な点も多いという[87]。

(5) 女性への暴力，特に女性性器切除（FGM）

世界のさまざまな地域社会の多くには，女性と少女の健康を危険にさらす習慣や伝統がある。性暴力としてのレイプや強制妊娠，また「有害な伝

---

[84] カイロ行動計画 *op., cit.*, para.8.25.
[85] 小島弘敬「性感染症（STD）入門」北村・前掲（注79）144-153頁。
[86] 吉村泰典「2．生殖技術の展開」産科と婦人科 Vol 65, No.4（1998年）424頁。
[87] 吉村・前掲426頁。

統的慣行」にはFGM，顔につける傷跡，女性の強制摂食，若年結婚，栄養上の禁忌，出産にまつわる伝統的慣行，持参金関連の犯罪，名誉犯罪などがある。

その中でも特にFGMは，アフリカ中西部，中近東，アジアの一部の地域に古くからある慣習であり，女子の成人式とも呼ばれている。その歴史は，1,000年以上遡るという。FGMには大きく分けて4つのタイプがあるとされる[88]。第1は「陰核切除（Clitoridectomy）」とよばれ，クリトリスの包皮に切り込みを入れる，若しくはクリトリスを切除することである。第2は「切除（excision）」であり，クリトリスの切除と小陰唇の一部をそぎ取ることをいう。第3は「陰部封鎖（infibulation）」であり，大陰唇を全てそぎ取り，尿と経血のために小さな穴のみを残し縫合することをいう。最後が「その他」である。

男性は，婚姻後，FGMを受けている女性の性器を初夜に刃物で切り開き，それが再び閉じないように，一定期間性行為を繰り返すという。FGMが女性をコントロールするための手段として使われてきたといわれるのはこのためである。女性を支配するための暴力や拷問であるといわれるのである。また，「伝統」という名のもとに行われるFGMによって，命を落とす女性やHIV/AIDSに感染する女性も報告されている[89]。

(6) 環　境

「リプロダクティブ・ヘルス」は，環境問題とも密接に関連している[90]。

---

[88] A. Rahman and N. Toubia, *Female Genital Mutilation －A Guide to Laws and Policies Worldwide－* (Zed books, 2000), pp.1-14.

[89] *Ibid.*, pp.18-20

[90] UNFPA, *The State of World Population 2001: Footprints and Milestones: population and environmental change* (United Nations, 2001). pp.4-9. また環境キーワードとして「リプロダクティブ・ヘルス」が取り上げられるようになったのは，1986年にウクライナで起こったチェルノブイリ原子力発電所の大惨事が以後，「東西」ヨーロッパで展開された女性たちの草の根運動が，リプロダクティブ・ヘルス問題を浮上させる直接的な契機だという。詳しくは，上野＝綿貫・前掲序章（注7）32-33頁参照。

環境は、「リプロダクティブ・ヘルス」及びそれに関する選択に影響を及ぼしている。特に、これを象徴的にあらわしているのが、「環境ホルモン」[91]である。これをはじめとして、水、土壌、大気等の汚染、重金属、原子力発電所等が、生殖器官に多大な悪影響を与えているといわれる[92]。その結果、女性の身体に取り込まれた有害物質は、母乳を通じて乳児の身体に入ることが報告されている[93]。

また、環境問題のキーワードの一つとして取り上げられる「持続可能な開発（Sustainable Development）」という概念の中には、人口政策も含まれている。1992年に採択された、「環境と開発に関するリオ宣言」[94]の第8原則は、「持続可能な開発及びすべての人々のより質の高い生活を達成するために、各国は、持続可能でない生産及び消費の様式を減らし、取り除くとともに、適切な人口政策を推進すべきである。」としている。これには、ローマ・クラブの『成長の限界』の登場以来、人口増加が地球規模の環境悪化の主要な原因だとする論調が広がり、その結果、人間の数の増加と生態系基盤の破壊とが安易に結び付けられるようになったといわれる[95]。この議論の広がりにより、人口管理政策が提案され、特に途上国の女性に対して強制的な避妊技術を押し付けることとなった[96]。

以上(1)～(6)まで概観したが、生涯を通じての「リプロダクティブ・ヘルス」が確保されるためには国家の具体的な施策が必要である。また、最近

---

91 環境ホルモンとは正式には「内分泌攪乱物質」のことである。環境ホルモンとリプロダクティブ・ヘルスの関係については、綿貫礼子ほか『環境ホルモンとは何かⅠ―リプロダクティブ・ヘルスの視点から―』（藤原書店、1998年）が詳しい。

92 UNFPA, *op.,cit.*, pp.4-9.

93 Women's Environment and Development Organization, *Rights, Risks and Reforms: A 50–Country Survey Assessing Government Actions Five Years After the International Conference on Population and Development* (New York,2000).

94 A/CONF.151/26/Rev.1 (Vol.1), 1992.

95 マリア・ミース・前掲（注19）142-145頁。

96 ヤンソン・前掲序章（注6）、上野＝綿貫・前掲序章（注7）参照。

はUNFPA等の計画に"Male Involvement"との用語も見受けられるようになり[97]，男性の「リプロダクティブ・ヘルス」を確保することによって，女性の「リプロダクティブ・ヘルス」がさらに向上するとする視点も必要である。

第4節　小　括

最後に，これまでの検討から明らかになったことをまとめつつ，「リプロダクティブ・ライツ」概念と「リプロダクティブ・ヘルス」概念との関係，これらの概念を用いることの意義に触れておこう。

第1に，本章の検討から，「リプロダクティブ・ライツ」及び「リプロダクティブ・ヘルス」概念が発生してきた背景はそれぞれ異なることが判明した。「リプロダクティブ・ライツ」概念の萌芽は，女性の自己決定権，及び人口政策（優生思想及び人口爆発）に対抗する権利にある。これに対して，「リプロダクティブ・ヘルス」概念は，人口政策が行われた際に，女性の身体が人体実験のように使用され，健康が害されていったことに対する女性の健康回復運動から産まれてきた概念である。確かに歴史的背景には共通項もみられるが，異なるところが多いことも事実である。また，「リプロダクティブ・ヘルス」は「リプロダクティブ・フリーダム」を「ヘルス」の側面から焦点を当てたものだとも言える[98]。

第2に，そのため，これらの概念の意味内容も本来は異なり，両者を混同することは許されない。すなわち，「リプロダクティブ・ヘルス」を保障するための権利が「リプロダクティブ・ライツ」というわけではないのである。「リプロダクティブ・ライツ」と「リプロダクティブ・ヘルス」との関係については，当初は「リプロダクティブ・ライツ」概念の基礎が発展し，次いで，リプロダクティブに関する健康問題が発展してきたものと考えることができる。このことは，「リプロダクティブ・ヘルス」の定義の中に権利性[99]が認められることからも窺うことができる。この両者の

97　UNFPA 2001, *op.,cit.*, pp.1-10.

98　M.K.Eriksson, *op.,cit.*, p.7.

関係を,「コインの表裏の関係である」[100]との考え方もあるが,むしろ,これらの両概念が互いに照射しあい,ときに補完しあって,現在も発展している概念とみるのが,正確な理解であると思われる。

第3に,これらの概念を用いることの意義である。「リプロダクティブ・ライツ」概念の構成要素である権利を改めて列挙すれば,次のとおりである。①生命及び生存の権利,②自由及び安全の権利,③最高水準の健康権,④科学的進歩を享受する権利,⑤情報への権利,⑥教育についての権利,⑦プライバシー及び家族を形成する権利,及び⑧あらゆる形態の差別からの自由,である。また,「リプロダクティブ・ヘルス」概念が取り扱う問題領域は,①家族計画,②妊産婦保健,③中絶の予防と安全でない中絶による合併症の管理,④HIV/AIDSを含む性感染症(STIs)の予防及び治療,⑤女性への暴力,特に女性性器切除(FGM),及び⑥環境である。

以上のことから示唆されることは,この両概念は,性や生殖,健康などを中心とする分野において女性がその生涯において遭遇する問題にかかわるものであり,そのため,両概念に含まれる権利も包括的であり,複合的であるということである。特に,人権条約が保障する権利という観点からみる場合には,「リプロダクティブ・ライツ」概念及び「リプロダクティブ・ヘルス」概念が包含する権利は,既存の人権条約が保護する権利の全般に及ぶことになる。

このことを逆からいえば,両概念がカヴァーする権利は,概ね既存の人権条約によって保護されているということになる。それにもかかわらず,「リプロダクティブ・ライツ」概念及び「リプロダクティブ・ヘルス」概念を用いることの意義は何か。それは,これらの概念を用いて既存の権利

---

99 カイロ行動計画 *Ibid.*, para.7.2.「この最後の条件で示唆されるのは,男女とも自ら選択した安全かつ効果的で,経済的にも無理がなく,受け入れやすい家族計画の方法,ならびに法に反しない他の出生調節の方法についての情報を得,その方法を利用する権利,および,女性が安全に妊娠・出産でき,またカップルが健康な子どもを持てる最善の機会を与えるよう適切なヘルスケア・サービスを利用できる権利が含まれる。」(傍線筆者)。

100 芦野百合子「リプロダクティブ・ヘルス/ライツをめぐる強まりつつある「きな臭さ」を警戒する」法学セミナー518号(1999年10月)1-3頁。

を再構成することによって，個々の権利又はその解釈において，これまで必ずしも注目され，強調されてこなかった側面に改めて光を当てること，また，既存の諸権利の間の関連性を改めて確認することなどに資することにある。その一端は，人権条約の条約機関の実行を検討する第3章第2節で明らかにされるが，とりあえず，ここでは一例だけを示しておこう。社会権規約委員会が，2000年に採択した「到達可能な最高水準の健康に対する権利（規約第12条）」と題する「一般的意見14」は，社会権規約第12条が保障する健康に対する権利には，自由と権利の双方が含まれるとし，この自由のなかには「性と生殖に関する自由（sexual and reproductive freedom）を含む，自らの健康と身体を管理する権利」が含まれるとしている（同意見，para.8）。社会権規約第12条には「性と生殖に関する自由」という文言はない。社会権規約委員会が，「リプロダクティブ・ライツ」概念及び「リプロダクティブ・ヘルス」概念をめぐる国際社会の動向を通じて，このような解釈を確立するに至ったことは容易に想像しうる。

　このように，この両概念は，権利の解釈を導き，また，新たな権利を生じさせる，一定の思想と価値の体系であり，この体系のもとに結びつけられた権利の複合体なのであり，また，そのように理解すべきである。これが，両概念を用いることの意義であり，メリットであると考える。

第2章　国際文書における「リプロダクティブ・ライツ」及び「リプロダクティブ・ヘルス」概念の萌芽と発展

　本章では，国際法レベルにおける「リプロダクティブ・ライツ」及び「リプロダクティブ・ヘルス」概念の萌芽と発展を検討する。「リプロダクティブ・ライツ」及び「リプロダクティブ・ヘルス」概念の出現の背景，及びその構成要素はすでに第1章で述べた通りであるが，本章の検討課題は，この両概念が国際文書のなかでどのようにして登場し，どのように発展してきたかということである。

　そこで，本章では，まず，主に女性の人権の国際的保障の進展の過程において，両概念がどのように形成されたのかについて，国連が作成し，又はそれが関与した国際文書を中心として検討する。もっとも，「リプロダクティブ・ライツ」概念及び「リプロダクティブ・ヘルス」概念が包含する権利は包括的であり，それを全般的に取り扱うことは，第2次世界大戦後の人権に関する大部分の国際文書が関係することになろう。しかし，これらの国際文書のなかには，この両概念が知られていない時代に作成されたものも多数あり，これらがすべてこの両概念の萌芽とみることはできない。そこで，両概念の形成の過程をより適格に把握するために，「リプロダクティブ・ライツ」の定義の中核をなす権利の一つである，「すべてのカップルと個人が，自分たちの子どもの数及びその出産間隔，並びに出産する時期を責任を持って自由に決定でき，そのための情報と手段を得ることができるという基本的権利」に焦点を当て，この権利の生成と発展を検討することにしたい。

　「リプロダクティブ・ライツ」及び「リプロダクティブ・ヘルス」概念

の生成と展開に関し，カイロ会議までの段階，カイロ会議及びカイロ会議以後の3つの段階にわけて検討する。また，ここで検討する国際文書は，国連が関与した主要な文書であるが，それは法的拘束力を有する条約に限られることはない。国際人権文書は，ある場合には条約であり，ある場合は宣言や原則，規則，行動綱領などという形式で採択される。国際法の観点からみたとき，最も重要な文書が条約であることには疑いはない。しかし，ここで，法的拘束力のない文書をも含めて検討する理由は次の通りである。第1に，ある概念が新たに生成され，発展していく過程を検討する場合には，条約のみならず，法的拘束力のないその他の関連文書をも検討しなければならないことは，例えば，自決権の生成過程からみても明らかである。自決権の生成及びその権利化にあたって大きな役割を果たしたのは，「植民地諸国，植民地人民に対する独立付与に関する宣言」と題する，1960年の国連総会決議であったのである。

第2に，国連や関係会議が採択した宣言や行動計画は，すべての国を名宛人とし，批准手続も必要とせず，それ自体に法的拘束力がないことから，国家主権への脅威が薄れ，その起草過程において，条約の場合に比して妥協の必要性はより少なく，それ故に，ある概念やそれを示す文言が妥協を経ることなくストレートに表現されることもある。

第3に，条約であれ，宣言であれ，啓発・教育や社会的動員のための手段としては，同様の価値（非法的価値）をもつことが多い[1]。

第4に，特に，関係会議の文書については，宣言が会議において問題となった主要な論点を抽象的に表現したものであるのに対して，その行動計画等は，より具体的な全世界的ガイドラインを示したもの[2]であるため，宣言を詳細化し，又はこれを補完するものであるから，これを検討する価値がある。

以上のことから，ここでは，条約に限らず，宣言などの法的拘束力のな

1　阿部浩己＝今井直著『テキストブック　国際人権法』（日本評論社，1996年）21頁-22頁。また，芦部信喜『憲法学Ⅱ人権総論』（有斐閣，1995年）33-40頁。

2　安藤ヨイ子「何故いま女性問題か―第4回世界女性会議とは」法学セミナー492号（1995年）24頁。

い文書をも含めて考察することとした。

第1節　カイロ会議まで

第1項　女性差別撤廃宣言[3]

　1967年11月の国連総会第22会期において採択された「女性に対するあらゆる差別の撤廃に関する国際連合宣言」[4]（以下「女性差別撤廃宣言」又は「宣言」という）は，それ以前の国連による様々な女性に関する文書[5]にもかかわらず，女性に対するかなりの差別が依然として存続していることを憂慮し，「男女平等の原則の法律上及び事実上の普遍的承認を確保」（前文）するために採択されたものである。この宣言以前には，女性固有の人権に関する包括的な文書は存在せず，従って，この宣言は，女性固有の人権に関する包括的文書であるという意味において画期的な文書であるといえるであろう。

　このような意義を持つこの文書において，既に現在の「リプロダクティブ・ライツ」及び「リプロダクティブ・ヘルス」に通じる規定がみられる。まず，女性差別撤廃宣言第6条は，私法における男女同権について規定し，その第1項は，「社会の基礎的単位である家族（family）の統一と調和の維持を害することなく，既婚，未婚を問わず女性に対し，私法の分野において男性と同等の権利……を保障するために，すべての適切な措置，特に立法上の措置がとられなければならない」と規定する。また，その第2項は，「夫と妻（husband and wife）の地位が平等であるという原則を保障するために，すべての適切な措置がとられなければならない」と規定し，次の3点を特に明記する。すなわち，「女性は配偶者を自由に選び，自己の自由

---

[3]　国際女性法研究会編『国際女性条約・資料集』（東信堂，1993年）33-34頁。

[4]　A/2263 (XXⅡ).

[5]　例えば，1951年同一価値労働についての男女同一報酬条約（ILO100号），1952年の婦人の参政権に関する条約，1957年雇用および職業における差別禁止に関する条約（ILO111号），1960年の教育における差別を禁止する条約等。

かつ完全な同意によってのみ婚姻するという，男性と同一の権利を持たなければならない」こと，「女性は婚姻中及び婚姻解消に際して，男性と平等の権利を持たなければならない」こと，「両親（Parents）は，子に関する事項について，平等の権利と義務を持たなければならない」ことである（同項(a)～(c)）。

次に，宣言第9条は，教育における男女平等について，「既婚・未婚を問わず，女性に対し，すべての段階の教育において男性と平等の権利を保障するために，すべての適切な措置がとられなければならない」と規定し，特に保障されるべき権利として，「家族の健康及び福祉の確保を助ける教育的情報を得る機会」を明記する（同条(e)）。

さらに，宣言第10条は，経済的・社会的生活の分野における男女平等を規定している。その第2項は，「婚姻又は出産の故に女性が差別を受けることを防止し，これらの女性に実行ある労働権を確保するために，婚姻又は出産の場合における解雇の防止，現職復帰の保証を伴う有給出産休暇の付与，及び保育施設を含め，必要な社会的施設の設置といった措置がとられなければならない」とする。また，その第3項は，「身体的特性に由来する理由で特定の種類の仕事において女性を保護するための措置は，差別とみなされてはならない」と定めている。

以上のように，女性差別撤廃宣言は，配偶者の自由な選択権，婚姻中又は婚姻の解消後の男女の平等権，子に関する事項における男女の平等権，家族の健康・福祉の確保に資する情報を得る権利，婚姻又は出産を理由とする差別の防止と，労働分野における男女の平等権を確保するための環境整備などを規定する。宣言には，「リプロダクティブ・ライツ」及び「リプロダクティブ・ヘルス」概念からみたときには，次のような問題がある。①子を持つか，持たないか，特に妊娠・出産といった行為についてのみに限定されたものであること，②子に関する事項に関する男女の平等権の権利主体が「両親」とされていること，③健康・福祉の確保に資する情報を得る目的が，「家族」の健康・福祉に求められていることなどである。この点で，宣言はきわめて限定的な規定を置くものにすぎない。しかし，そこで示された理念は，現在の「リプロダクティブ・ライツ」及び「リプロ

ダクティブ・ヘルス」概念に通ずるものがあり、その基礎を築いたものといえるであろう。

第2項　世界人権会議：テヘラン宣言[6]

1968年に開催された「人権に関する国際会議」（以下「テヘラン会議」という）は、世界人権宣言の採択以後の20年間に達成された進歩を回顧し、及び、将来の計画を作成するために開催された。そこで採択された、「テヘラン宣言」のパラグラフ16ではその第2文で、「両親（Parents）は、児童の数及び間隔を自由にかつ責任をもって決定する、基本的人権を有する」としている。

子どもの数及び出産の間隔を自由に決定することが基本的人権であるとするこの規定は、「リプロダクティブ・ライツ」及び「リプロダクティブ・ヘルス」の理念に直結するものであると考えることができる。但し、それが「両親」の権利とされ、個人の権利（男性・女性それぞれの権利、つまり両性個々人の権利）とはされていないことが注意される[7]。

第3項　第1回世界女性会議：メキシコ宣言[8]

テヘラン宣言の4年後の1972年、世界の女性が直面する差別の大きさを示すものとして、国連総会は1975年を「国際婦人年」に指定し、男女平等促進の年と定めた[9]。これを受けて1975年[10]に開催された第1回世界女性会議（以下「メキシコ会議」という）は、「平等・開発（発展）・平和」をテー

---

[6] A/1514 (XV).

[7] A. Hardon, Reproductive Rights In Practice, in A. Hardon and E. Hayes Eds. *Reproductive Rights In Practice. A Feminist report on the quality care* (Zed Books, 1997), p.13. ここではつまり、シングルマザー等のことは考えられていないといえると著者は指摘している。

[8] E/CONF.66/34.

[9] A/3010 (XXVII).

マに話し合われた。

ここで採択された,「男女の平等と,開発及び平和への婦人の寄与とに関する1975年メキシコ宣言」(以下「メキシコ宣言」[11]という)の前文には,「出産という女性の役割が不平等と差別の原因になるべきではなく,また育児には,女性,男性及び社会全体が責任を分ち合う必要があることを自覚し」と明記された。

その上で,「メキシコ宣言」のパラグラフ5は,「男女(Women and Men)は,家庭及び社会において平等の権利と責任を有する。男女の平等は,社会の基本単位であり人間関係涵養の場である家庭において保証されるべきである」と規定し,さらに,パラグラフ12は,「すべての夫婦と個人(All couples and individuals)は,子供を持つか否か,及び子供の数と出産間隔を自由に決定し,そのための情報と教育及び手段を入手する権利を持つ」と規定する。ここで初めて,個人の権利(両性の権利)としての,子どもの有無,数及び出産間隔の自由な決定権が視野に入ってきたものと考えることができよう。

また,「メキシコ宣言」が採択される前日には,「世界行動計画」[12]が採択されており,このパラグラフ19においても,前述の「メキシコ宣言」パラグラフ12と同様のことが述べられている。「世界行動計画」は,さらに,「この権利を行使することは,両性の真の平等の達成にとり基本的であり,これを達成することなくしては,婦人が他の諸改革の恩恵を受けようとする試みにおいて不利を被ることとなる」として,その権利の重要性が強調されている。また,「世界行動計画」のパラグラフ108-123までを「健康及

---

10 同年に開催された国連総会では,1976年から1985年までを「国連婦人の10年」とし,そのテーマを「平等・開発(発展)・平和」(Equality, Development and Peace.)とすることが宣言された。A/3520 (XXX).

11 これを受け,日本においては1975年9月に総理府に総理大臣を本部長とする婦人問題企画推進本部がおかれ,事務局として婦人問題担当室ができた。また,1977年2月に「国内行動計画」が策定された。これについては,本書第4章第1節で詳述しているので,そちらを参照されたい。

12 国際婦人年大阪の会編『資料国際婦人年—国連婦人の10年から21世紀へ—』(創元社,1989年)36-102頁。

び栄養」の項目に，パラグラフ135-147までを「人口」の項目にあて，それぞれ詳細な規定を置いている。これらのことから考えて，「世界行動計画」は，「メキシコ宣言」とともに，現在の「リプロダクティブ・ライツ」及び「リプロダクティブ・ヘルス」を定めたものといっても言いすぎではないであろう。

第4項　女子差別撤廃条約[13]

1979年の国連総会第34回会期において採択された「女子に対するあらゆる形態の差別の撤廃に関する条約」（以下「女子差別撤廃条約」という）は，国連憲章，世界人権宣言，国際人権規約等の文書が，男女の平等をうたっているにもかかわらず，女性に対する差別が依然として広範に存在することを憂慮し，女性差別撤廃宣言に掲げられている諸原則を実施するために採択された[14]。

条約第12条は，保健における差別の撤廃について規定している。その第1項は，「締約国は，男女の平等を基礎(basis of equality of men and women)として，家族計画関連を含む保健サービスを享受する機会を確保することを目的として，保健の分野における女性に対する差別を撤廃するためのすべての適当な措置をとる」とし，また，第2項は，「1の規定にかかわらず，締約国は女性に対し，妊娠，分娩及び産後の期間中の適当なサービス（必要な場合には無料にする。）並びに妊娠及び授乳の期間中の適当な栄養を確保する」と規定する。

また，条約第16条では，婚姻・家族関係における差別の禁止について取

13　国際女性法研究会・前掲（注3）17-32頁。なお，日本国は女子差別撤廃条約を1980年7月17日署名，1985年6月24日国会承認，1985年6月25日批准書寄託，1985年7月1日公布（条約第7号），1985年7月25日効力発生。また，批准にあたって国内法制の見直しが行われた。これについては，小寺初世子「女子差別撤廃条約—意義とその普及について—（日本の場合を例に）」国際人権5号（1994年）31-73頁参照。

14　署名式は，第2回世界女性会議（コペンハーゲン会議）で行われた。この時点で，53ヵ国が署名又は批准書を寄託した。

り上げている。第16条第1項は、「締約国は、婚姻及び家族関係に係るすべての事項について女子に対する差別を撤廃するためのすべての適当な措置をとるものとし、特に、男女の平等を基礎（basis of equality of men and women）として次の事を確保する」と、その(e)において、「子の数及び出産の間隔を自由かつ責任をもって決定する同一の権利並びにこれらの権利の行使を可能にする情報、教育及び手段を享受する同一の権利」[15]を定めている。

　第12条及び第16条には、「リプロダクティブ・ライツ」という文言はない。しかし、それらの内容は、「リプロダクティブ・ヘルス」及び「リプロダクティブ・ライツ」に関する規定であるといえる。

　これが、法的拘束力をもつ条約において、現在の「リプロダクティブ・ライツ」に近似する概念を初めて定めたものであるといえる。その意味で、この条約は、「リプロダクティブ・ライツ」及び「リプロダクティブ・ヘルス」概念の発展の歴史において、きわめて大きな意義があるといえる。

第5項　第2回世界女性会議：国連婦人の10年後半期行動プログラム[16]

　「第2回世界女性会議」（以下「コペンハーゲン会議」と言う）は、「国連婦人の10年」の中間年にあたる1980年に開催された。この会議は、同10年前半期の5年間における「世界行動計画」の到達点をふりかえり、後半期の方針を検討するための会議であった。

　この会議では、2つの大きな成果を残したといえる。その一つは、女子差別撤廃条約の署名式が行われたことである。もう一つは、「国際婦人年」の「平等・開発（発展）・平和」の目標を達成するために、「メキシコ会議」

15　国際女性法研究会・前掲（注3）27頁。ここでいう同一の権利とは、女子差別撤廃条約の第16条1項「締約国は、婚姻及び家族関係に係るすべての事項について女子に対する差別を撤廃するためのすべての適当な措置をとるものとし、特に、男女の平等を基礎として次のことを確保する。」を受けている。

16　A/CONF.9/35.なお、コペンハーゲン会議では宣言はなされなかった。

が採択した「世界行動計画」を、より一層具体的にするために、「雇用・健康・教育」をサブテーマにした後半期行動計画を採択したことである[17]。

この後半期行動計画のパラグラフ141-164は「健康」の項目にあてられている。ここで、はじめて単独で「健康」というタイトルになったことが注目に値する。「国連婦人の10年」のサブテーマが「雇用・健康・教育」であったことから考えてみても、女性の健康に対して世界的な行動をとり、またそれが必要であることが認識され、実行されはじめるのが、この時期であるといえよう。

また、行動計画のパラグラフ146の第1文は次のように規定する。

> 児童福祉、家族計画に関するプログラムを開発、実施、強化するとともに、母子の健康・安全・福祉を促進し、婦人による出産数及び出産間隔の自由決定権及び責任の行使を可能にするため、男女双方（both men and women）が家族計画の責任を負うことができることを目指して、安全かつ認容しうる避妊方法を男女双方のために学校のカリキュラムに含めるため、家族計画についての情報を作成、実施、強化する。

この規定は、女性が出産等に関わる自己決定権を行使するためには、男女の責任ある家族計画が必要であるとする認識を示したものである。つまり、女性の身体に関する自己決定権をはじめて示したものであるといえるだろう。その理念は、女子差別撤廃条約を一歩進めたものであり、現在の「リプロダクティブ・ライツ」及び「リプロダクティブ・ヘルス」概念により近づいたといえるのではないだろうか。

第6項　第3回世界女性会議：ナイロビ将来戦略[18]

1976年から開始された、「国連婦人の10年」の最終年にあたる1985年に開催された「第3回世界女性会議」（ナイロビ）は、1986年から2000年までをターゲットとする、「西暦2000年に向けての婦人の地位向上のための

17　これをうけた日本の動きについては、第4章第3節を参照されたい。
18　A/CONF.116/28/Rev.1, 1986.

ナイロビ将来戦略」(以下「ナイロビ将来戦略」という)を採択した。この将来戦略は、それまでの国連で採択された様々な人権文書を受け、「平等原則に立脚しつつ、婦人の地位に関する国際的関心を再確認し、婦人の地位向上と性に基づく差別の撤廃のための国際社会による新たな決意の枠組」である。

「ナイロビ将来戦略」パラグラフ29では、「他の権利の享受の重要な基礎である出生率のコントロールという基本的な権利を含む人口問題に関する事柄については、婦人が自己の権利を効果的に行使できるという関係の下で出生率や人口増加の問題が扱われるべきである」[19]ことが明記された。ここでは、出生率のコントロールが基本的権利であるとされていること、この点に関して女性の自己決定権との関係で規定したこと、が注目に値する。

また、関連するパラグラフとして他に、パラグラフ28、121、140等があるが、パラグラフ148-162までが「健康」にあてられ、前述したコペンハーゲン会議の成果文書よりも、さらに充実した内容になっている。特に、パラグラフ156においては、「婦人が自らの出産の形態をコントロールできるということが、他の権利享受のための重要な基礎となっている」とされ、「すべての夫婦及び個人(All couples and individuals)は、子供の数及び出産間隔を自由に決める基本的人権を有して」いることが明記されている。ここでは、まず、女性の出産等に関する自己決定権を定め、次いで、個人の権利(両性の権利)としての子どもの有無・数・出産間隔の決定権を定めている。このように、同一のパラグラフでこれらの権利を取り扱ったのは、これが初めてであるといえよう。現在の「リプロダクティブ・ライツ」及び「リプロダクティブ・ヘルス」概念の基本的な考え方が、より明確な形で示されたと評価できる。

---

19 原文は、"The issues of fertility rates and population growth should be treated in a context that permits women to exercise effectively their rights in matters pertaining to population concerns, including the basic right to control their own fertility which forms an important basis for the enjoyment of other rights,…" である。

第7項　主要6人権条約に基づく政府報告作成要領[20]

　国連の主要な人権条約は，締約国による条約規定の遵守を国際的に監視するために，様々な実施措置を整備しているが，そのなかでも，これらすべての人権条約が採用している実施措置が報告制度である[21]。この制度は，締約国が各条約の規定する人権尊重・確保義務の実施状況を定期的に報告し，条約機関がその報告書を審査する制度である。しかし，締約国になりながら，報告書を提出しない国が多いことなどを憂慮して[22]，1990年5月に，国連訓練調査研究所（UNITAR）は主要6人権条約（社会権規約，自由権規約，人種差別撤廃条約，女子差別撤廃条約，拷問等禁止条約，及びアパルトヘイト禁止条約）に基づく政府報告のための要領を作成した[23]。

　この要領は，各執筆者が個人の立場で執筆し，また，報告書の作成にあたって国家を支援するという目的で作成されたものである。従って，これは，国連の一機関が編集したものであるとはいえ，諸国家間の合意の内容を探ることに資する文書ではない。その意味で，これまで検討してきた文書とは異なる性格をもつ。しかし，各条約が定めた権利の具体的な内容を探り，また，国際社会における女性の権利に関する理解の深化を探るうえで有用である。例えば，女子差別撤廃条約の起草時には想定されていなかったことが出現し（例えば，HIV/AIDSの出現等），条約において，それをどのように位置づけ，解釈するのかが問題となるが，この要領は，これらの新しい現象を念頭において報告事項を列挙している。「リプロダクティブ・ライツ」及び「リプロダクティブ・ヘルス」についても，それに関わる記述が女子差別撤廃条約の項でみたものよりも増加している。その意味で，国際社会の動向を知る上の一助となるため，ここで検討する。

　特に，女子差別撤廃条約の政府報告作成要領[24]をみることとする。まず，

20　HR/PUB/91/1. 国際女性法研究会・前掲（注3）42-47頁。

21　今井＝阿部・前掲67-118頁。

22　山下泰子「女子差別撤廃条約―報告制度と日本の報告―」国際人権5号（1994年）43-79頁。

23　国際女性法研究会・前掲（注3）42頁。

条約第6条については，次の事項に関する報告が求められる。「報告国における売春（未成年者の売春及び人身売買を含む）蔓延の程度，及び何らかのいわゆる観光売春が実在するか否かについての指摘。売春婦に対する暴力及び売春婦に対する強制猥褻の問題，売春婦を社会復帰させるための努力（特に職業訓練及び職業紹介を受ける機会），並びに売春に関連する保健問題，特にHIV/AIDSの予防ないしは撲滅のための保健サービス及び措置についての情報」である。

条約第7条に関する報告事項は，「女性雇用者若しくは女性被任命者のための何らかの割当制の有無，被雇用者の勤務評定制度及びその制度の性別に対する中立性，並びに女子の昇進率についての情報（妊娠又は出産休暇がこれらの制度において影響をもたらすかどうかについての情報を含む）」である。

条約第10条に関しては，次の事項の報告が求められる。「家族の保健と福祉に関する教育的情報を得る機会，このような情報を広めるのに利用される手段及び方法，並びにこの情報が女性に向けられ，かつ女性によって利用されうる範囲についての情報（家族計画についての情報及び助言の利用可能性，及び女子がこうした情報を実際に利用できるか否かについての情報を含む）」。

条約第11条については，報告が求められるのは次の事項である。「母性保護法規（その違反に対する制裁を含む），出産休暇の有無とその期間，復職の保証，及び両親（both parents）が出産後の休暇を取れるか否か。保育施設の有無，及び貧しい親に対する政府援助又は民間援助の有無。家族責任を果たすための職場離脱後，女性が職場復帰するための便宜提供の有無，及びある場合はその内容についての情報。……家庭における女性の仕事の価値を評価し，それを金銭その他の形で認め，国の富に対するその全体的貢献を計るために，自国において進行中の一切の努力」。

条約第12条において報告が求められる事項は次のとおりである。「女性

---

24 女子差別撤廃条約に関する要領に関しては，以下参照。Zagorka Ilic, *The Convention on the Elimination of All Forms of Discrimination Against Women, Manual on Human Rights Reporting* (HR/PUB/91/1). pp.153-176.

に対する特別のサービス（たとえば，女性の出産機能と関連した……産前産後の配慮）の存否。……堕胎に関する法規，その合法性，（堕胎に）科せられる一切の制裁を含む法の執行，及びこの関係で記録された一切の裁判事件についての情報。自国における年間の堕胎件数（合法・非合法を問わない），堕胎の行われる条件，及び堕胎に関する国の政策についての情報。10代の女子の妊娠件数，及び10代の母親の年齢構成についての情報。家族計画についての助言制度の有無，その料金及び機会，女性がこのようなサービスを受けるにあたって遭遇する障害の有無，並びに女性が自分の一存で出産の間隔を決定することができるか否かについての情報。母親及び子供の死亡率と罹病率，並びに女性一人当たりの生存児出産の平均数についての統計的情報」。

　条約第13条については，「未婚の母が社会的サービスを受ける機会，未婚の母とその子が何らかの手当てを給付されるかどうかについての情報」が求められ，条約第14条については，「都市環境と農村環境にある女性の進歩の格差，並びに女性が教育，雇用及び保健サービスを受ける機会における両環境間の格差を示す情報」が求められる。

　最後に，条約第16条に関して報告することが求められる事項は次のとおりである。「家族制度に関する自国の政策，本条に係わる分野における実際状況，頑固な差別状況を改善するために進行中の政策構想及びプログラムのすべて，並びにこの関連で直面している一切の要因及び困難についての情報。家族及び家庭内における責任分担に関する実際についての情報。男性と同棲している未婚の女子の法律上の権利及び事実上の状況，並びに同棲相手の死亡時における女性の権利。一夫多妻制の存否，離婚手続きに関する女性の立場，離婚手続きを開始する女性の権利，離婚時における資産評価と財産分与，女性が再婚をする権利，及び女性が子供を手許におき養育する権利についての情報。女性及び妻の相続権，並びに嫡出及び非嫡出の子どもの相続権についての情報。男女の婚姻最低年齢，婚約，持参金，及びこれらと類似の慣行の存続の有無，並びにこれを廃止するためにとられた一切の手段についての情報」。

　女子差別撤廃条約の目的は，文字通り，女性に対する差別を撤廃するこ

とにある。しかし，女性に対する差別は，社会のあらゆる場面において，あらゆる事項について問題となり，また，その撤廃の方法もその社会全般のあり様によって左右される。従って，女性をめぐる様々なデータや措置を総合して初めて，女性に対する差別の実態が明らかになる。この要領は，そのための多面的な情報を要求しているものと考えることができる。そのなかにあって，現在の「リプロダクティブ・ライツ」及び「リプロダクティブ・ヘルス」概念に関連が深い事項が数多く含まれていることは，狭い意味での女性に対する差別に限られることなく，女性のおかれている状況そのものをも問題とする姿勢を示唆しているものといえる。

前記のように，この要領は個人が執筆したものであり，国際社会が，ここで示された報告事項に対応する国家の義務又は個人の権利を承認したことを意味するものではない。しかし，女子差別撤廃条約のそれぞれの条項において，「リプロダクティブ・ライツ」及び「リプロダクティブ・ヘルス」概念に関連する事項が問題となり得ることが示されているという意味で，国際社会における理解の深化を示すものといえよう。

第8項　国連環境開発会議：アジェンダ21[25]

1992年6月にリオ・デ・ジャネイロで開催された「国連環境開発会議」（以下「リオ会議」という）において採択された「アジェンダ21」においては，「リプロダクティブ・ヘルスケア」という言葉が表れた。

まず，「アジェンダ21」のパラグラフ24の表題は「持続的で衡平な開発に向けての女性のための世界的行動」であり，そのパラグラフ24.2は，「以下のような目的が政府に提案される」として，「緊急事項として，国内事情に応じて女性と男性（women and men）が子供の数及び出産の間隔を自由にかつ責任をもって決定する同一の権利，並びにこれらの権利の行使を可能にする情報，教育及び手段を享受する同一の権利を保障する適当な措置を取る」ことをあげている（para. 24.2(g)）。

25　http://www.un.org/esa/sustdev/documents/agenda21/english/agenda21toc.htm
（2007年1月アクセス）

また、「アジェンダ21」のパラグラフ24.3は、「政府は以下の実施に対して、積極的な対策を取る」として、次のように規定する。

女性を中心 (women-centred) とし、女性の管理 (women-managed) による安全で効果的なリプロダクティブ・ヘルスケア (reproductive health care)、及び自由、尊厳並びに個人の価値観にあった実現可能で責任のある家族のサイズとサービスを含む予防的で治癒力のある保健設備の設置と強化計画、また計画は胎児を含む包括的なヘルスケア、健康及び親としての責任に対する教育と情報の提供に焦点を当て、最低出産後4ヵ月間の十分な授乳期間を女性に与えるものとする。計画は、女性の生産的、及び再生産的役割と福祉を十分に支援し、妊産婦と乳幼児の死亡と病気の危険を削減するために、全ての子供に平等で進歩的なケアの提供の必要性に特に注意する (para. 24.3(e))。

国際文書において、「リプロダクティブ・ヘルスケア (reproductive health care)」という言葉が出てきたことは注目に値する。ただ、その定義は1994年のカイロ会議まで待たなければならない。

第9項　世界人権会議：ウィーン宣言及び行動計画

国際人権分野におけるこれまでの進展状況を点検し、国際人権保障システムの更なる強化に向けて検討・提言を行う目的で1993年6月に開催された「世界人権会議」(ウィーン会議)[26]は、その成果として「ウィーン宣言」及び「行動計画」を採択した。「ウィーン宣言」のパラグラフ41は、次のように規定している。

世界人権会議は、女性が生涯を通じて最高水準の身体的及び精神的健康 (women of the highest standard of physical and mental health throughout their life span) を享受することの重要性を認識する。世界女性会議、女子差別撤廃条約、並びに1968年のテヘラン宣言に関連し、世界人権会議は男女 (women and men) の平等に基づき、利用しやすくかつ十分なヘ

26　当該会議の詳細については、阿部浩己『人権の国際化―国際人権法の挑戦―』（現代人文社、1998年）83-118頁参照。

ルスケア及び広範囲な家族計画サービス，並びにあらゆるレベルの教育への平等なアクセスに対する女性の権利を改めて確認する。

この規定は，これまでの国際文書に比して，女性の「健康」に対する幅を最も広く取ったものであるといえ，その意味で画期的な規定であると評価することができる。

第2節　カイロ会議[27]

カイロ会議は，持続可能な開発を進めるための人口政策をテーマとして，1994年に開催された。特に，女性の人権・女性の地位向上と人口抑制政策との関わりがクローズアップされ，「女性の地位の向上，役割拡大，『リプロダクティブ・ヘルス』」の3点が人口問題の鍵とされた。つまり，女性の意思によらない避妊方法，不妊手術，人工妊娠中絶問題など，それまでの女性が管理対象となった人口抑制政策が問題になったのである。そこで，女性の人生の選択の幅を広げることが最終的には人口抑制につながるとして，個人重視の姿勢を強く打ち出した。女性の健康やからだに関する決定には，国の政策や男性の考え方よりも，女性自身の主体性が尊重されなければならないとする「リプロダクティブ・ヘルス」の考え方が，国際的な人口会議の場に初めて導入された。

その背景には，1970年代初めから，国連や各国政府などによる人口管理政策や，その手段としての「出生率抑制」策のターゲットにされ，半強制的な出生調整策が実施されたのが，南の女性達に対してであった[28]ということがある。そして，女性の健康問題を扱うNGOなどが中心になり，人口抑制政策の対象とみられてきた女性に，男性と対等に話し合う場を提供したことなどにおいて，意義がある会議であったといえる。そのなかでも特に，179ヶ国が参加した国際会議において採択された「行動計画」のなかで，初めて一つの章（第7章）のタイトルに"REPRODUCTIVE RIGHTS, [SEXUAL AND REPRODUCTIVE HEALTH] AND FAMILY PLANNING."[29]

27　外務省・前掲第1章（注1）に全訳が掲載されている。

という文言が登場した[30]ことは注目に値する。

　この第7章に関して，最も激しい議論があったのである[31]。「リプロダクティブ・ヘルス」及び「リプロダクティブ・ライツ」の定義や，人工妊娠中絶の合法化問題等の女性に焦点をあてた考え方に，ローマカトリック法王庁（以下「バチカン」という）や，イスラム諸国が猛反発した[32]。しかし，カイロ会議の行動計画で，国際社会は初めて「リプロダクティブ・ヘルス」及び「リプロダクティブ・ライツ」についての詳細な定義をしたのである。そのパラグラフ7.3において，「リプロダクティブ・ライツは，国内法，人権に関する国際文書，及び国連で合意したその他関連文書ですでに認められた人権の一部をなす」[33]と明記された。また，第2章の原則4は，「女性が自らの生殖能力をコントロールできることが，人口と開発関連のプログラムの第一歩である」と規定し，女性の生殖能力に関しての自己決定権の重要性が，国際フォーラムの場において，「リプロダクティブ・ヘルス」及び「リプロダクティブ・ライツ」を初めて使用し，認められた

28　綿貫礼子「リプロダクティブ・ヘルスの思想と環境」上野＝綿貫・前掲序章（注7）26-38頁。このなかで，南の女性達がどのように人口抑制政策の犠牲になったかが詳細に論じられている。「100パーセントの避妊効果を目的に，先進国では禁止されている強力なステロイドホルモン剤（たとえばデポ・プロベラやノアプラントなど）の使用や安全性を欠く不妊手術で女性達のからだは蝕まれていた。人口抑制政策は，女のからだに向けた直接的な"暴力"を化していたのである。」そして，このような実態を踏まえ，リプロダクティブ・ライツを求める闘いの声が出てきたと述べられている。それが，「人口管理NO！　決めるのは女性」というスローガンになり，NGOが中心となり運動が盛んになって，カイロ人口会議に至ったという。

29　7章には以下の分類がなされている。A. Reproductive rights and reproductive health. B. Family planning. C. Sexually transmitted disease and HIV prevention. D. Human sexuality and gender relations. E. Adolescents.

30　筆者が調べたところ，この行動計画において，「リプロダクティブ・ライツ」が使用されたのは7ヵ所「リプロダクティブ・ヘルス」という文言が使用されたのは，じつに117ヵ所にものぼる。また，「セクシャル・ヘルス」（性に関する健康）という文言は，28ヵ所である。

31　船橋邦子「カイロ国際人口，開発会議とNGO」国際女性8号117-119頁。

のである。

　最終的には，バチカンはこの行動計画の第 7 （「リプロダクティブ・ライツ」と「リプロダクティブ・ヘルス」），8（健康，罹病および死亡），11（人口，開発および教育），12（技術，研究および開発），13（国の行動），14（国際協力），15（非政府部門との協力関係）及び16（会議のフォローアップ）の各章に関して，「結婚や家族の価値を落とす性行為を促す」として全般的に留保することを表明した[34]。イスラム諸国も同様の対応をするが，ヨルダンなどが「リプロダクティブ・ヘルスはイスラムの教えに従い解釈する」との玉虫色の見解を発表した[35]。

32　朝日新聞1994年 8 月22日朝刊，同 8 月28日朝刊，同 8 月31日夕刊，日経新聞1994年 8 月29日夕刊，読売新聞1994年 8 月31日朝刊等。また，堂本・前掲第 1 章（注 3 ）149-151頁によると，政府間会議での「リプロダクティブ・ヘルス」及び「リプロダクティブ・ライツ」を巡る攻防の様子が記されている。例えば，政府間会議の際に，エルサルバドルの代表が，性と生殖に関する健康は「カップル（この場合は男女のカップル若しくは夫婦を指している）」が単位だと考えているので，行動計画の中にある「個人（individual）」という文言は非常に危険な表現なので削除するように求めた。これに対しクロアチアの代表は，「急激な人口移動が起こるときに，しばしば強姦がある。その際カップルが単位となって強姦されるのではありません。強姦は個人が単位となってされるのです。だから，'individual'という言葉は残さなければなりません。」とのべ，この「個人（individual）」という文言が残った経緯がある。

33　原文は "…Reproductive rights embrace certain human rights that are already recognized in national laws, international human rights documents and other relevant United Nations consensus documents. …" となっている。United Nations. (1995). *Population and Development, vol. 1: Programme of Action adopted at the International Conference on Population and Development: Cairo: 5-13 September 1994.*

34　外務省・前掲第 1 章（注 1 ）112頁。

35　朝日新聞1994年 9 月14日朝刊。

第3節　カイロ会議以降

第1項　第4回世界女性会議（北京会議）

「第4回世界女性会議」（以下「北京会議」という）は，それまでに行われてきた，国連主催の世界女性会議における流れの一環として，「平等・開発（発展）・平和のための行動」をテーマとし，「ナイロビ将来戦略」の完全実施をはかるための第2回見直しと評価を行い，女性の地位向上のための主要な問題を指摘し，21世紀に向けて女性が前進するための弾みを社会につくりだすために，1995年に北京で開催された[36]。

この会議の成果として，「北京宣言」及び「行動綱領」が190ヶ国のコンセンサスにより採択された[37]。北京宣言は，ナイロビ会議以来10年の成果を認めつつ，なお残存している問題を指摘し，行動綱領実現の決意を示している。

北京宣言は，そのパラグラフ30において，「女性及び男性の教育及び保健への平等なアクセス及び平等な取り扱いを保障し，教育を始め女性のリプロダクティブ・ヘルスを促進する」と規定した。また，行動綱領においては，その「第Ⅳ章　戦略目標及び行動C　健康」において，「リプロダクティブ・ヘルス」についての詳細な記述がみられる[38]。この「C　健康」

---

[36] 総理府男女共同参画室編『北京からのメッセージ―第4回世界女性会議及び関連事業等報告書―』（大蔵省印刷局，1996年）1-2頁。

[37] 「北京宣言」及び「行動綱領」の文書については総理府・前掲57-186頁参照。また，原文については国連ホームページを参照されたい。http://www.un.org/womenwatch/daw/beijing/platform/index.html（2007年1月アクセス）。

[38] 「リプロダクティブ・ヘルス」という文言は北京宣言で1ヵ所，行動綱領では27ヵ所，また，「リプロダクティブ・ライツ」は4ヵ所，「セクシュアル・ヘルス」も4ヵ所で用いられている。カイロ会議と比較すると，その使用頻度の差は歴然としている。たしかに，女性会議という名目上「リプロダクティブ・ヘルス」及びリプロダクティブ・ライツ」だけを議論するわけではないにせよ，コンセンサスを得るための政治的な動きがあることは否めないと思われる。

を構成するすべてのパラグラフ（89～130）が「リプロダクティブ・ヘルス」及び「リプロダクティブ・ライツ」に関する記述であるといえるであろう。つまり，これら両概念が詳細に規定されるに伴い，その多義性・多面性が出てきたものといえよう。なお，ここでみられる「リプロダクティブ・ヘルス」及び「リプロダクティブ・ライツ」の定義は，カイロ宣言のものと同じであり，それを繰り返して述べることによって，両概念の重要性を確認したと考えられる。

カイロ会議では，バチカンをはじめとするカトリック諸国と，イランやリビアなどのイスラム諸国が，特定の章や用語について宗教的・倫理的理由から「受け入れられない」と留保を表明したが，全体の採択そのものには反対しなかった[39]。しかし，北京会議の事前協議においては，「リプロダクティブ・ヘルス」及び「リプロダクティブ・ライツ」については，バチカンを始めとするカトリック諸国やイスラム諸国からの反対があり，これらの用語には未合意を示す括弧がついていた。両概念は，カイロ会議で激しい議論の上，コンセンサスが得られていた部分であっただけに，「後退反対」の機運が世界中で盛り上がった[40]。その結果，最終的には，括弧がはずされ，行動綱領に「リプロダクティブ・ヘルス」及び「リプロダクティブ・ライツ」も盛り込まれることになったのである[41]。

さらに，当初，EU（欧州連合）等は，行動綱領のなかに，「セクシュアル・ライツ（性の権利）」を盛り込むように求めていた。しかし，これに対して，「リプロダクティブ・ヘルス」及び「リプロダクティブ・ライツ」さえも容認できないバチカンを始めとするカトリック諸国，それにイスラ

39　朝日新聞1994年9月14日朝刊。
40　女性ニュース（全国婦人新聞社）1995年10月10日号。
41　総理府・前掲（注36）26-45頁で，「北京宣言及び行動綱領」に対する留保及び解釈声明についての報告が記載されている。それによると，"reproductive health"という文言を使用して解釈声明をしているのはアルゼンティン，コスタ・リカ，ホンデュラス，イスラエル，パラグァイ，南アフリカ，アメリカ合衆国，ヴェネズエラである。また，留保しているのはドミニカ共和国，グァテマラ，ヴァチカン市国，イラン，イラク，クウェート，リビア，マレイシア，マルタ，モーリタニア，ペルー，チュニジアである。なお日本国は106(k)項の解釈声明を出している。

ム諸国が強い抵抗を示した。この「セクシュアル・ライツ」という文言については，これらの国々の猛反対にあい，結果的に削除されたのである。ただ，この文言自体は盛り込まれなかったものの，行動綱領のパラグラフ96において，「自らのセクシュアリティに関する事柄を管理し，それらについて自由かつ責任ある決定を行う権利」という表現で，EU等の主張した基本的な考え方は残った。その内容は，「セクシュアル・ライツ」そのものとみる見解が多数[42]である。

このパラグラフ96に明記されていることは，カイロ会議が到達した「リプロダクティブ・ヘルス」及び「リプロダクティブ・ライツ」よりも，より具体的な概念であるといえる。これは，生殖を目的としない性についても，女性が自己決定を行うことができる権利であると解釈され，さらに，同性愛の権利，売買春や強姦などの性暴力からの自由になる権利等が，包含されていると解される[43]。カイロ行動計画よりも，「性」に関しては，より進んだ内容になったといえるであろう。

第2項　カイロ会議＋5

カイロ会議から5年後にあたる1999年，カイロ行動計画の履行状況及びその後の進捗状況の見直しを行うため，ニューヨークの国連本部で「人口開発特別総会」が開催された[44]。この会議では，カイロ以後の履行状況が概観され，また「ICPD『行動計画』の更なる履行のための行動提案」[45]（以下「行動提案」という）が難航のすえに採択された[46]。この行動提案には，人口開発分野における諸課題に対する取り組みに関し，106のパラグラフにわたって詳細な規定が設けられている。

本行動提案の採択に際しては，主に以下の3項目が争点となった。①避

---

[42] 林陽子「特に議論された表現—政府間会議と日本の態度」法学セミナー492号（1995年12月）29-32頁。

[43] 林・前掲30頁。

[44] http://www.un.org/popin/icpd5.htm（2007年1月アクセス）。

[45] A/S-21/5/Add.1.

妊問題，②中絶問題，及び③女性の人権としてのリプロダクティブ・ライツ，である。

　まず，①の避妊問題については，バチカンは，避妊の方法として自然的方法（禁欲とリズム法）しか認めていない。一方，米国・EU は避妊の選択肢の拡大を主張し，その具体的方法を「行動提案」に盛り込むことを主張した。しかし，結局，バチカンが米国，EU 案に強く反発したため，避妊の具体的方法は盛り込まれなかった。但し，バチカンは，94年のカイロ会議では，HIV/AIDS 防止のためのコンドームの使用についてすら反対していたが，今回は，HIV/AIDS 防止のための男女のコンドーム使用につき盛り込むことについては反対しなかった。

　続く，②中絶問題については，米国・EU などが，「不法な中絶を行った女性に対する懲罰を含む法を見直すべき」との文言を盛り込むことを要求したが，バチカンとイスラム諸国がこれに強く反発したために盛り込まれなかった。そのかわり，パラグラフ63(iii)に，「中絶が法に反しない状況のもとで，中絶が安全で入手可能 (safe and accessible) となるよう保健サービスの提供者に，そのための訓練と器材を供給する」旨の文言が盛り込まれた。

　最後の争点である③女性の人権としてのリプロダクティブ・ライツについては，米国・EU は94年の ICPD「行動計画」で確認されたリプロダクティブ・ライツを，女性の人権として認めるよう要求したが，これに対してバチカンやG77の一部が強く反発した。結果的には，リプロダクティブ・ライツの定義は「行動計画」に従うこととされ（パラグラフ3，40等），それにともなって「行動計画」の文言の多くが再確認されることとなった。

　以上のように難航の末に採択された「行動提案」には，「カイロ行動計

　46　難航の末採択されたものの，以下の国は本行動提案に対して留保若しくは解釈宣言を行った。パナマ，アルゼンチン，スーダン，グァテマラ，ニカラグア，リビア，クウェート，マルタ，中国，エジプト，カタール，イェメン，イラン，ヨルダン，アラブ，モロッコ，アメリカ，オーストラリア，バチカン市国である。詳細は，以下 URL 参照。http://www.unfpa.org/upload/lib_pub_file/561_filename_icpd5-key-04reprint_eng.pdf （2007年1月アクセス）。

画」における数値目標の一層の実施を促すために，①初等教育の普及，②非識字率の減少，③家族計画の普及，④妊産婦死亡率に関しての「助産婦・医師の介助を伴う出産率」設定[47]，⑤若者（15〜24歳）へのHIV感染及び感染率に関する情報・教育・サービスの普及など，2015年までの各5年ごとの数値目標，さらには新しい数値目標などが明記された。

第3項　北京会議＋5

北京会議から5年後にあたる2000年，北京行動綱領の履行状況及びその後の進捗状況の見直しを行うため，ニューヨークの国連本部において国連特別総会「女性2000年会議」が開催された[48]。本会議では，北京行動綱領の完全実施に向けた戦略につき協議し，その結果として各国の決意表明や理念をうたう「政治宣言」[49]と，北京行動綱領の実施促進のため「更なる行動とイニシアティブに関する文書」[50]を採択した。

「政治宣言」は，「北京宣言及び北京行動綱領」の目的と目標の達成への決意を再確認するとともに，NGOの役割と貢献を再認識し，男性が共同責任をとることの必要性等を強調している。

また，「更なる行動とイニシアティブに関する文書」に関する協議では，特にEUが多様な形態の家族を認めること，同性愛まで含めた性に関する権利を明記すべきと主張したが，伝統的な宗教的，倫理的価値観を守ろうとするバチカンやイスラム諸国がこれに反対し，協議が妨害されたことで難航し，一時は最終文書の採択すら危ぶまれた。最終的には，北京行動綱領に従うこととする形でようやく合意に至った。

47　妊産婦死亡率を引き下げるために，助産婦・医師が立ち会う出産の割合を世界全体で増やすこと。

48　谷口真由美「国連特別総会『女性2000年会議』」ヒューマンライツ No.151（2000年10月），2‐6頁。また，http://www.un.org/womenwatch/daw/followup/beijing+5.htm（2007年1月アクセス）参照。

49　A/RES/S-23/2．

50　A/RES/S-23/3．

特に会議が難航したのは、①「リプロダクティブ・ヘルス」・「リプロダクティブ・ライツ」、②「家族」をめぐってである。

①の「リプロダクティブ・ヘルス」・「リプロダクティブ・ライツ」については、北京会議においても難航したことは既に述べたとおりである。本会議においてEU等は、「リプロダクティブ・ヘルス」及び「リプロダクティブ・ライツ」は北京行動綱領で既に認められていることであり、当然成果文書に入れるべきだとした上で、北京会議では結局認められなかった「セクシュアル・ライツ（性に関する権利）」や「セクシュアル・オリエンテーション（性的志向）」を含めるという主張をしたが、今回もバチカンやイスラム諸国がこれに猛反発した。最終的には、本会議においても「セクシュアル・ライツ」及び「セクシュアル・オリエンテーション」については、成果文書に入れられることはなかった。また、北京会議で既に認められていたはずの「リプロダクティブ・ライツ」についても、会議最終日まで成果文書に入れることについて、バチカンやイスラム諸国などが反対していたが、最終的には入れられることとなった。

また、この会議では特に②「家族」[51]の概念について、バチカンやイスラム諸国などが「婚姻関係にある男女とその子ども」という伝統的概念を主張し、それに対してEU等が、同性愛や非婚のカップルについても「家族」に含めるべき旨の主張を行い、激しい対立になった。このため、非公式会合を継続的に開催し、文言では立場の違いを際立たせないことで妥協し、最終的には北京行動綱領[52]と同じく「異なる文化的、政治的及び社会的制度においては、多様な家族形態が存在し、家族の構成員の権利、能力及び責任が尊重されなければならない。」とされた。

以上のように、難航の末採択された「更なる行動とイニシアティブ」では、①女性に対する暴力への対応の充実、②開発や平和達成のため、女性の政策・方針決定過程へのより積極的な参画、③情報技術分野の教育や訓

---

51 日本語の訳の問題として、"family"、"families" とも「家族」と訳しているが、EU等が主張していたのは 'families' で、家族の定義を拡大することが最初から意図されていたといえる。

52 北京行動綱領　para.29参照。

練等を通じた女性の雇用の向上などに関して，北京行動綱領から前向きな進展があったものとして評価している。しかしながら，北京で定められた目標と誓約の完全実施には未だ障害が残っていることも指摘している。

第4節　小　　括

　以上，子どもをもつかどうか，その数及び出産間隔に関する女性の自己決定権を中心に，国際社会の動向を検討した。それによれば，この権利の萌芽は，1967年の女性差別撤廃宣言や1968年のテヘラン宣言にみられ，その後の諸文書に受け継がれてきたといえる。特に，法的拘束力を持つ条約である女子差別撤廃条約がその第16条において，この権利を承認したことは重要である。もとより，「リプロダクティブ・ライツ」及び「リプロダクティブ・ヘルス」概念が明示に登場するのは1990年代にはいってからであるが，このような国際社会の動向は，逆に，女子差別撤廃条約をはじめとする関係条約の解釈に反映されることは十分にあり得る。そこで，次にその一端をみるため，次章において関係する人権条約の履行監視機関の動向を検討したい。

第3章 「リプロダクティブ・ライツ」及び「リプロダクティブ・ヘルス」と人権条約

　前章において関連国際文書を検討することによって，「リプロダクティブ・ライツ」及び「リプロダクティブ・ヘルス」概念の生成と展開の過程を検討した。ここでは，まず，この両概念が国際法上どの程度実定法化しているのかをみるため，この両概念を構成し，またそれに関連する権利に対応する人権条約上の規定を概観しておきたい。

　第1章でみたように，「リプロダクティブ・ライツ」を構成する権利は，①生命及び生存の権利，②自由及び安全の権利，③最高水準の健康権，④科学的進歩を享受する権利，⑤表現の自由，⑥教育についての権利，⑦プライバシー及び家族を形成する権利，及び⑧あらゆる形態の差別からの自由である。これらの権利を中心に，「リプロダクティブ・ヘルス」の定義をも考慮しながら，人権条約の規定を検討する。なお，以下で取り上げる人権条約はすべて日本が締約国であるものに限定し，また，取り上げる規定は主要な規定に限る。

第1節　関連人権条約上の規定

第1項　生命及び生存の権利

　生命及び生存の権利については，まず，自由権規約第6条がある。同条第1項は，「すべての人間は，生命に対する固有の権利を有する。この権利は，法律によって保護される。何人も，恣意的にその生命を奪われない」と規定する。また，死刑について，同条第5項は，「死刑は，18歳未満の

者が行った犯罪について科してはならず，また，妊娠中の女子に対して執行してはならない」として，児童と妊婦及び胎児を保護する。

児童の権利条約は，その第6条において，「締約国は，すべての児童が生命に対する固有の権利を有することを認める」（第1項）とし，「締約国は，児童の生存及び発達を可能な最大限の範囲において確保する」義務を負うとしている（第2項）。

第2項　自由及び安全の権利

自由及び安全の権利について，自由権規約は，まず，その第7条において，「何人も，拷問又は残虐な，非人道的な若しくは品位を傷つける取扱い若しくは刑罰を受けない」とし，「特に，何人も，その自由な同意なしに医学的又は科学的実験を受けない」としている。また，第8条は，その第1項において，「何人も，奴隷の状態に置かれない。あらゆる形態の奴隷制度及び奴隷取引は，禁止する」とされ，さらに，同条第2項は，「何人も，隷属状態に置かれない」とし，同第3項は，「何人も，強制労働に服することを要求されない」とする。

さらに，第9条第1項は，「すべての者は，身体の自由及び安全についての権利を有する。何人も，恣意的に逮捕され又は抑留されない。何人も，法律で定める理由及び手続によらない限り，その自由を奪われない」とする。

児童の権利条約は，その第19条第1項において，「締約国は，児童が父母，法定保護者又は児童を監護する他の者による監護を受けている間において，あらゆる形態の身体的若しくは精神的な暴力，傷害若しくは虐待，放置若しくは怠慢な取扱い，不当な取扱い又は搾取（性的虐待を含む）からその児童を保護するためすべての適当な立法上，行政上，社会上及び教育上の措置をとる」義務をおう。

また，条約第24条第3項は，締約国が，「児童の健康を害するような伝統的な慣行を廃止するため，効果的かつ適当なすべての措置をとる」義務を負うことを明らかにしている。さらに，条約第34条において，締約国は，

「あらゆる形態の性的搾取及び性的虐待から児童を保護することを約束」し、第35条に基づき、「あらゆる目的のための又はあらゆる形態の児童の誘拐、売買又は取引を防止するためのすべての適当な国内、二国間及び多数国間の措置をとる」義務を負う。なお、条約第37条は、拷問などの禁止、不法・恣意的な自由の剥奪の禁止など、ほぼ自由権規約の対応する規定と同文の規定をおいている。

女子差別撤廃条約は、その第6条において、「締約国は、あらゆる形態の女子の売買及び女子の売春からの搾取を禁止するためのすべての適当な措置（立法を含む。）をとる」義務を課す。また、特に、労働の権利との関係で、「(e) 社会保障（特に、退職、失業、傷病、障害、老齢その他の労働不能の場合における社会保障）についての権利及び有給休暇についての権利（第11条第1項(e)）、「作業条件に係る健康の保護及び安全（生殖機能の保護を含む）についての権利」（同項(f)）、及び「妊娠中の女子に有害であることが証明されている種類の作業においては、当該女子に対して特別の保護を与えること」（同条第2項(d)）などの諸点に関し、女性に対する差別を禁止する。社会権規約第10条「産前産後の合理的な期間においては、特別な保護が母親に与えられるべきである」とし、「働いている母親には、その期間において、有給休暇又は相当な社会保障給付を伴う休暇が与えられるべきである」と規定する（同条第2項）。

なお、社会権規約第10条第3項は、児童の保護に関し、「児童及び年少者は、経済的及び社会的な搾取から保護されるべき」であり、「児童及び年少者を、その精神若しくは健康に有害であり、その生命に危険があり又はその正常な発育を妨げるおそれのある労働に使用することは、法律で処罰すべきである」と規定する。

第3項　最高水準の健康権

社会権規約第12条第1項は、「この規約の締約国は、すべての者が到達可能な最高水準の身体及び精神の健康を享受する権利を有することを認める」と規定する。また、同第2項は、この第1項の「権利の完全な実現を

達成するためにとる措置には，次のことに必要な措置を含む」として，「(a)死産率及び幼児の死亡率を低下させるための並びに児童の健全な発育のための対策」，「(b)環境衛生及び産業衛生のあらゆる状態の改善」，「(c)伝染病，風土病，職業病その他の疾病の予防，治療及び抑圧」，及び「(d)病気の場合にすべての者に医療及び看護を確保するような条件の創出」を掲げている。

児童の権利条約第24条も，社会権規約第12条と同趣旨の規定であるが，その内容は，より詳細になっている。条約第24条第1項に基づき，締約国は，「到達可能な最高水準の健康を享受すること並びに病気の治療及び健康の回復のための便宜を与えられることについての児童の権利を認める」とともに，「いかなる児童もこのような保健サービスを利用する権利が奪われないことを確保するために努力する」義務を負う。また，同条第2項は，第1項所定の「権利の完全な実現を追求するものとし，特に，次のことのための適当な措置をとる」として，次の事項をあげる。「(a)幼児及び児童の死亡率を低下させること」，「(b)基礎的な保健の発展に重点を置いて必要な医療及び保健をすべての児童に提供することを確保すること」，「(c)環境汚染の危険を考慮に入れて，基礎的な保健の枠組みの範囲内で行われることを含めて，特に容易に利用可能な技術の適用により並びに十分に栄養のある食物及び清潔な飲料水の供給を通じて，疾病及び栄養不良と闘うこと」，「(d)母親のための産前産後の適当な保健を確保すること」，「(e)社会のすべての構成員特に父母及び児童が，児童の健康及び栄養，母乳による育児の利点，衛生（環境衛生を含む）並びに事故の防止についての基礎的な知識に関して，情報を提供され，教育を受ける機会を有し及びその知識の使用について支援されることを確保すること」，及び「(f)予防的な保健，父母のための指導並びに家族計画に関する教育及びサービスを発展させること」である。

女子差別撤廃条約は，その第12条第1項において，「締約国は，男女の平等を基礎として保健サービス（家族計画に関連するものを含む）を享受する機会を確保することを目的として，保健の分野における女子に対する差別を撤廃するためのすべての適当な措置をとる」と規定する。また，同第

2項は，この第1項の規定にかかわらず，「締約国は，女子に対し，妊娠，分べん及び産後の期間中の適当なサービス（必要な場合には無料にする）並びに妊娠及び授乳の期間中の適当な栄養を確保する」と規定する。なお，条約は，農村部の女性について特別の規定をおき，農村部の女性に対して「適当な保健サービス（家族計画に関する情報，カウンセリング及びサービスを含む）を享受する権利」を保障するよう求めている（第14条第2項(b)）。

第4項　科学的進歩を享受する権利

科学的進歩を享受する権利に直接関係するのは，社会権規約第15条である。同条第1項は，「この規約の締約国は，すべての者の次の権利を認める」として，「科学の進歩及びその利用による利益を享受する権利」をあげ（同項(b)），同第2項は，この「権利の完全な実現を達成するためにとる措置には，科学及び文化の保存，発展及び普及に必要な措置を含む」とする。

第5項　表現の自由

表現の自由に関する基本的な規定は，自由権規約第19条である。同条第1項は「すべての者は，干渉されることなく意見を持つ権利を有する」と規定する。また，同第2項は，「すべての者は，表現の自由についての権利を有する」と規定するが，そのなかには，特に，「口頭，手書き若しくは印刷，芸術の形態又は自ら選択する他の方法により，国境とのかかわりなく，あらゆる種類の情報及び考えを求め，受け及び伝える自由を含む」としている。同様の規定は児童の権利条約第13条第1項にもみられる。また，特にその第17条は，「締約国は，大衆媒体（マス・メディア）の果たす重要な機能を認め，児童が国の内外の多様な情報源からの情報及び資料，特に児童の社会面，精神面及び道徳面の福祉並びに心身の健康の促進を目的とした情報及び資料を利用することができることを確保する」と規定し，このために締約国がとるべき措置として次のことをあげる。「(a)児童にと

って社会面及び文化面において有益であり，かつ，第29条の精神に沿う情報及び資料を大衆媒体（マス・メディア）が普及させるよう奨励する」こと，「(b)国の内外の多様な情報源（文化的にも多様な情報源を含む）からの情報及び資料の作成，交換及び普及における国際協力を奨励する」こと，「(c)児童用書籍の作成及び普及を奨励する」こと，「(d)少数集団に属し又は先住民である児童の言語上の必要性について大衆媒体（マス・メディア）が特に考慮するよう奨励する」ことである。逆に，「(e)第13条及び次条の規定に留意して，児童の福祉に有害な情報及び資料から児童を保護するための適当な指針を発展させることを奨励する」ことも規定する。

第6項　教育についての権利

教育を受ける権利の基本的な規定は，社会権規約第13条にみられる。同条第1項は，「この規約の締約国は，教育についてのすべての者の権利を認める。締約国は，教育が人格の完成及び人格の尊厳についての意識の十分な発達を指向し並びに人権及び基本的自由の尊重を強化すべきことに同意する。更に，締約国は，教育が，すべての者に対し，自由な社会に効果的に参加すること，諸国民の間及び人種的，種族的又は宗教的集団の間の理解，寛容及び友好を促進すること並びに平和の維持のための国際連合の活動を助長することを可能にすべきことに同意する」と規定する。また，同条第2項に基づき，締約国は，この「権利の完全な実現を達成するため，次のことを認める」として，特に次のことを求める。「(a)初等教育は，義務的なものとし，すべての者に対して無償のものとすること」，「(b)種々の形態の中等教育（技術的及び職業的中等教育を含む）は，すべての適当な方法により，特に，無償教育の漸進的な導入により，一般的に利用可能であり，かつ，すべての者に対して機会が与えられるものとすること」，「(c)高等教育は，すべての適当な方法により，特に，無償教育の漸進的な導入により，能力に応じ，すべての者に対して均等に機会が与えられるものとすること」，「(d)基礎教育は，初等教育を受けなかった者又はその全課程を修了しなかった者のため，できる限り奨励され又は強化されること」，及び

「(e)すべての段階にわたる学校制度の発展を積極的に追求し,適当な奨学金制度を設立し及び教育職員の物質的条件を不断に改善すること」である。

児童の権利条約もその第28条において,同趣旨の規定をおく。但し,教育についての児童の権利を「漸進的にかつ機会の平等を基礎として達成するため」に特に講ずるべき措置について,「すべての児童に対し,教育及び職業に関する情報及び指導が利用可能であり,かつ,これらを利用する機会が与えられるものとする」こと,及び,「定期的な登校及び中途退学率の減少を奨励するための措置をとる」ことが求められている(同条第1項(d)及び(e))。

女子差別撤廃条約第10条は,第1項において,「締約国は,教育の分野において,女子に対して男子と平等の権利を確保することを目的として,特に,男女の平等を基礎として次のことを確保することを目的として,女子に対する差別を撤廃するためのすべての適当な措置をとる」とし,特に次の規定を置く。「(a)農村及び都市のあらゆる種類の教育施設における職業指導,修学の機会及び資格証書の取得のための同一の条件。このような平等は,就学前教育,普通教育,技術教育,専門教育及び高等技術教育並びにあらゆる種類の職業訓練において確保されなければならない」こと,「(b)同一の教育課程,同一の試験,同一の水準の資格を有する教育職員並びに同一の質の学校施設及び設備を享受する機会」を確保すること,「(c)すべての段階及びあらゆる形態の教育における男女の役割についての定型化された概念の撤廃を,この目的の達成を助長する男女共学その他の種類の教育を奨励することにより,また,特に,教材用図書及び指導計画を改訂すること並びに指導方法を調整することにより行うこと」,「(d)奨学金その他の修学援助を享受する同一の機会」を確保すること,「(e)継続教育計画(成人向けの及び実用的な識字計画を含む)特に,男女間に存在する教育上の格差をできる限り早期に減少させることを目的とした継続教育計画を利用する同一の機会」を確保すること,「(f)女子の中途退学率を減少させること及び早期に退学した女子のための計画を策定すること」,「(g)スポーツ及び体育に積極的に参加する同一の機会」を確保すること,そして,「(h) 家族の健康及び福祉の確保に役立つ特定の教育的情報(家族計画に関

する情報及び助言を含む）を享受する機会」を確保することである。

第7項　プライバシー及び家族を形成する権利

　自由権規約第17条1項は,「何人も,その私生活,家族,住居若しくは通信に対して恣意的に若しくは不法に干渉され又は名誉及び信用を不法に攻撃されない」と規定する。また,第23条第1項は,「家族は,社会の自然かつ基礎的な単位であり,社会及び国による保護を受ける権利を有する」とし,第2項において,「婚姻をすることができる年齢の男女が婚姻をしかつ家族を形成する権利は,認められる」とする。また,同第3項は,「婚姻は,両当事者の自由かつ完全な合意なしには成立しない」とし,同第4項は,「この規約の締約国は,婚姻中及び婚姻の解消の際に,婚姻に係る配偶者の権利及び責任の平等を確保するため,適当な措置をとる。その解消の場合には,児童に対する必要な保護のため,措置がとられる」とする。

　児童の権利条約第16条第1項も,「いかなる児童も,その私生活,家族,住居若しくは通信に対して恣意的に若しくは不法に干渉され又は名誉及び信用を不法に攻撃されない」とする。

　社会権規約は,その第10条において,「できる限り広範な保護及び援助が,社会の自然かつ基礎的な単位である家族に対し,特に,家族の形成のために並びに扶養児童の養育及び教育について責任を有する間に,与えられるべきである」とするとともに,「婚姻は,両当事者の自由な合意に基づいて成立するものでなければならない」と規定する（同条第1項）。また,社会権規約第10条「産前産後の合理的な期間においては,特別な保護が母親に与えられるべきである」とし,「働いている母親には,その期間において,有給休暇又は相当な社会保障給付を伴う休暇が与えられるべきである」と規定する（同条第2項）。

第8項　あらゆる形態の差別からの自由

周知のように，差別の禁止は，第2次世界大戦後の人権の国際的保障のなかで中核的な位置を占め，一般的・総合的人権条約が差別の禁止のための規定を置くとともに，人種差別及び女性差別については，特に，人種差別撤廃条約及び女子差別撤廃条約が採択されている。

一般的な人権条約の規定の例としては，まず，自由権規約第2条1項は，「この規約の各締約国は，その領域内にあり，かつ，その管轄の下にあるすべての個人に対し，人種，皮膚の色，性，言語，宗教，政治的意見その他の意見，国民的若しくは社会的出身，財産，出生又は他の地位等によるいかなる差別もなしにこの規約において認められる権利を尊重し及び確保することを約束する」と規定し，同第26条も，「すべての者は，法律の前に平等であり，いかなる差別もなしに法律による平等の保護を受ける権利を有する」とし，「このため，法律は，あらゆる差別を禁止し及び人種，皮膚の色，性，言語，宗教，政治的意見その他の意見，国民的若しくは社会的出身，財産，出生又は他の地位等のいかなる理由による差別に対しても平等のかつ効果的な保護をすべての者に保障する」とする。また，自由権規約第3条は，特に，「この規約の締約国は，この規約に定めるすべての市民的及び政治的権利の享有について男女に同等の権利を確保することを約束する」と規定するとともに，その第24条第1項において，「すべての児童は，人種，皮膚の色，性，言語，宗教，国民的若しくは社会的出身，財産又は出生によるいかなる差別もなしに，未成年者としての地位に必要とされる保護の措置であって家族，社会及び国による措置について権利を有する」とする。

社会権規約も，その第2条第2項において，「この規約の締約国は，この規約に規定する権利が人種，皮膚の色，性，言語，宗教，政治的意見その他の意見，国民的若しくは社会的出身，財産，出生又は他の地位によるいかなる差別もなしに行使されることを保障することを約束する」と規定する。また，自由権規約と同様に，その第3条において，「この規約の締約国は，この規約に定めるすべての経済的，社会的及び文化的権利の享有

について男女に同等の権利を確保することを約束する」としている。

　女子差別撤廃条約は、このような一般的な差別禁止規定をさらに詳細に規定したものである。ここでは、特に注目される規定のみをみておこう。まず、締約国の基本的義務を定めた第2条についてである。女子差別撤廃条約第2条は、「締約国は、女子に対するあらゆる形態の差別を非難し、女子に対する差別を撤廃する政策をすべての適当な手段により、かつ、遅滞なく追求することに合意」するとして、「このため次のことを約束する」として、次のことを求める。「(a)男女の平等の原則が自国の憲法その他の適当な法令に組み入れられていない場合にはこれを定め、かつ、男女の平等の原則の実際的な実現を法律その他の適当な手段により確保すること」、「(b)女子に対するすべての差別を禁止する適当な立法その他の措置（適当な場合には制裁を含む。）をとること」、「(c)女子の権利の法的な保護を男子との平等を基礎として確立し、かつ、権限のある自国の裁判所その他の公の機関を通じて差別となるいかなる行為からも女子を効果的に保護することを確保すること」、「(d)女子に対する差別となるいかなる行為又は慣行も差し控え、かつ、公の当局及び機関がこの義務に従って行動することを確保すること」、「(e)個人、団体又は企業による女子に対する差別を撤廃するためのすべての適当な措置をとること」、「(f)女子に対する差別となる既存の法律、規則、慣習及び慣行を修正し又は廃止するためのすべての適当な措置（立法を含む）をとること」、及び「(g)女子に対する差別となる自国のすべての刑罰規定を廃止すること」である。

　この規定において注目されることは、国家による女性差別を禁止する義務だけではなく、私人間の女性差別を禁止するべき義務を締約国に課していることである。「リプロダクティブ・ライツ」及び「リプロダクティブ・ヘルス」の実現のためには、私人間においてもとられるべき措置があることを考慮するならば、この規定は重要である。

　また、女子差別撤廃条約第3条は、「締約国は、あらゆる分野、特に、政治的、社会的、経済的及び文化的分野において、女子に対して男子との平等を基礎として人権及び基本的自由を行使し及び享有することを保障することを目的として、女子の完全な能力開発及び向上を確保するためのす

べての適当な措置（立法を含む）をとる」と規定し，女性の完全な能力開発のための措置をとるべき義務を課す。世界の女性が置かれている状況に鑑みれば，女性のエンパワメントは不可欠であり，それを定めた第3条は注目に値する。

　さらに，条約第5条は，締約国が「次の目的のためのすべての適当な措置をとる」として，特に次のものをあげている。「(a)両性いずれかの劣等性若しくは優越性の観念又は男女の定型化された役割に基づく偏見及び慣習その他あらゆる慣行の撤廃を実現するため，男女の社会的及び文化的な行動様式を修正すること」，及び「(b)家庭についての教育に，社会的機能としての母性についての適正な理解並びに子の養育及び教育における男女の共同責任についての認識を含めることを確保すること」である。女性に対する定型的な役割論は「リプロダクティブ・ライツ」及び「リプロダクティブ・ヘルス」の観点からは認めることはできず，また，母性に関する適切な理解と，子どもの養育・教育における男女の共同責任も，これら両概念に内在する重要な要請である。

第9項　まとめ

　以上のように，「リプロダクティブ・ライツ」及び「リプロダクティブ・ヘルス」を実現するために必要な中心的な権利は，既に人権条約が様々な形で規定している。第1章で述べたように，それにもかかわらず，「リプロダクティブ・ライツ」及び「リプロダクティブ・ヘルス」概念は，一定の有用性と意義をもつ。すなわち，この両概念により，既存の規定の有機的関係が明らかにされ，また，この両概念によって新たな条約解釈が導きだせることがあり得るからである。また，そうであるべきである。

　そこで，次に，ある意味で，人権条約の解釈の到達点を示すものである，条約機関の解釈について，条約機関の実行を検討することとする。

第2節　主要人権条約及び条約機関における実行

　本節では，主要人権条約の中でもリプロダクティブ・ライツ及びリプロダクティブ・ヘルスに関連する条文をもつものであって，かつ，当該条約の履行監視機関がリプロダクティブ・ライツ及びリプロダクティブ・ヘルスに関連する「一般的勧告」又は「一般的意見」をはじめ，国家報告書及びそれに対する「最終所見」を表明しているものを取り上げる。それらは，女子差別撤廃条約及び女子差別撤廃委員会，自由権規約及び規約人権委員会，そして児童権利条約及び児童権利委員会である。

　特に，次の12点の項目について，各委員会がどのような意見を表明しているかにつき，比較することとする。(1)プライバシー（私生活）私生活及び家族生活，(2)暴力，(3) FGM 及び他の伝統的慣行，(4)売春及びトラフィッキング，(5)健康サービス全般，(6)リプロダクティブ・ヘルス全般，(7)避妊及び家族計画，(8)性教育，(9)中絶，(10) HIV/AIDS を含む性感染症，(11)雇用とリプロダクティブ・ヘルス，(12)その他の問題である。以下，順を追って考察する。

第1項　プライバシー（私生活）及び家族生活

　本項では，まずリプロダクティブ・ライツ及びリプロダクティブ・ヘルスに関連するプライバシー（私生活）及び家族生活に関する関連条文と，「一般的勧告」及び「一般的意見」を考察し，その後，①婚姻における権利，②子どもの強制的な婚姻，③重婚（polygamy），及び④離婚及び子どもの監護権（divorce and child custody）についてさらに検討する。

(1)　各条約の関連規定と委員会の勧告

　女子差別撤廃条約において，私生活及び家族生活に関連するのは，第5条（役割に基づく偏見等の撤廃），第11条2項（雇用における母性保護規定），第12条（保健における差別の撤廃），第16条（婚姻及び家族における差別撤廃）

である。

　また，特に関連する「一般的勧告」としては，以下の3つがある。まず，「婚姻及び家族関係における平等」に関する「一般的勧告21」[1]である。そこでは，どのような国家形態や宗教であろうと，婚姻した女性の権利は保障されなければならず，特に，ジェンダーの定型化された役割，及び制限された女性の役割について批判している。また，同勧告は人権に関連する委員会の中で唯一婚姻の最低年齢を男女共に18歳にすべきであるとしている[2]。

　次に，「女性と健康」に関する「一般的勧告24」では，男女が子どもの数，及び出産の間隔を自由にかつ責任を持って決定することは，婚姻における女性の権利であるとして，これを強調している[3]。

　最後に，「女性に対する暴力」に関する「一般的勧告19」では，強制結婚は暴力の一形態であるとする。人権に関連する委員会のなかでこのような認識を示したのはこの勧告が初めてである。また，女性が劣等であり，又は女性が定型化された役割を有するとみなす伝統的な態度は，女性に対する暴力，又は強制を伴う一般に流布された慣行を永続化させるとしている。

　次に，自由権規約において私生活及び家族生活に関連するのは，第17条

1　女性差別撤廃委員会の「一般的勧告（General Recommendation）」は，原則として，*Compilation of General Comments and General Recommendations adopted by Human Rights Treaty Bodies,* HRI/GEN/1/Rev.5（2001）によるものとし，この文書は以下では個別に引用しない。

　　なお，規約人権委員会の「一般的な性格を有する意見」（以下「一般的意見」という）もこの文書に収録されており，これに触れる場合であっても，この文書を個別に引用することはない。

2　女子差別撤廃委員会一般的勧告24 para.36. 児童権利条約は「児童」とは18歳未満のすべての者をいうが，「当該児童で，その者に適用される法律により早く成年に達したものを除く」としており，例外規定を設けている。女性差別撤廃委員会は，この定義を引用しつつも，ウィーン宣言の規定を考慮して，婚姻最低年齢は18歳にすべきとしている。これは，早婚によって未成年者，とりわけ少女が婚姻し，子どもを持つことは，その健康に悪影響を及ぼし，教育が妨げられ，その結果女性の経済的が阻害されるという理由からである。

3　女性差別撤廃委員会一般的勧告24 para.28.

(干渉又は攻撃に対する保護), 第23条 (家族に対する保護), 第9条 (身体の自由), 第8条 (奴隷及び強制的労働) 及び第16条 (人として認められる権利) である。

また, 特に関連する「一般的意見」は,「男女の同権」に関する「一般的意見28」[4]であり, そのパラグラフ23においては,「男性と女性とは, 自身の自由かつ完全な合意によってのみ婚姻を成立させる権利をもち, 締約国は平等を基礎として, この権利の享受を保護する義務がある」としている。

児童権利条約において, 私生活及び家族生活に関連するのは, 第24条 (健康及び医療についての権利), 第3条 (子どもの最善の利益) 及び第16条 (私生活, 名誉及び信用の尊重) である。委員会は, 特にこの点に関する「一般的勧告」を採択していない。

(2) 婚姻における権利

まず, 女子差別撤廃委員会の態度を検討する。委員会は, 婚姻及び家族関係におけるジェンダー役割及び女性の定型化された役割についても,「最終所見」の中で数多くコメントしており, 締約国がそれらを撤廃する努力に期待を表明している[5]。また, 委員会は締約国に対して, 女性の家族における役割に対する姿勢を変更する方法に関して, いくつかの特定の提案を与えている。それは地方のメディアを使用し, それら差別的態度の変更を促進すること[6], また, 条約第4条1項に基づく暫定的特別措置を使用すること[7]等である。

次に, 規約人権委員会は, 一般的な関心事として多くの場面[8]において, 婚姻における不平等の撤廃のために, とりわけ姦通に関する同一の罰則[9]や, 相続に関する平等の権利[10]を強調している。

児童権利委員会は, 既婚女性に対する差別として, 既婚女性を未成年と

---

[4] 規約人権委員会一般的意見28. CCPR/C/21/Rev.1/Add.10. なお, 本意見の邦訳として, 藤本晃嗣訳「自由権規約委員会一般的意見28 (2000) 男性と女性の権利の平等 (第3条)」アジア・太平洋人権情報センター編『アジア・太平洋人権レビュー2001 ドメスティック・バイオレンスに対する取組と課題』(現代人文社, 2001年) 169-175頁参照。

第2節　主要人権条約及び条約機関における実行　77

して取り扱う法[11], 不動産相続を禁止する法[12]等が存続していることを強く非難している。また, 女性に対する差別を撤廃するために法改正に際して, 特に「少女」に対する権利が確保される必要があることを勧告してい

5　Andorra, A/56/38, paras.38-39. Armenia, A/52/38/Rev.1, Part II, para.65. Austria, A/55/38, para. 224. Belarus, A/55/38, para.357. Burundi, A/56/38, paras.63-64. Chile, A/50/38, para.154. Cuba, A/51/38, para.261. Czech Republic, A/53/38, paras.184-185, 191, 193. Democratic Republic of the Congo, A/52/38, para.215. Denmark, A/52/38/Rev.1, para.265. Dominican Republic, A/53/38, para.334. Egypt, A/56/38, paras.332, 339-340. Georgia, A/54/38, para.94. Germany, A/55/38, para.313. Guinea, A/56/38, para.132. Guyana, A/49/38, paras.170-171. Hungary, A/51/38, para 250. Iceland, A/51/38, para.95. Indonesia, A/53/38, paras.280, 284, 289. Iraq, A/55/38, para.191. Ireland, A/54/38, paras.180, 184-185. Italy, A/52/38 Rev.1, Part II, para.356. Jamaica, A/56/38, paras.217-218. Jordan, A/55/38, paras.166-167. Kazakhstan, A/56/38, paras.87-88, 90. Libyan Arab Jamahiriya, A/49/38, para.180. Lithuania, A/55/38, para.138. Luxembourg, A/55/38, paras.404-405. Mexico, A/53/38, para.398. Mongolia, A/56/38, para.260. Morocco, A/52/38/Rev.1, para. 64. Nicaragua, A/56/38, paras.294-295. Republic of Moldova, A/55/38, para.97. Romania, A/55/38, para.301. Singapore, A/56/38, paras.79-80. Slovakia, A/53/38/Rev.1, paras.76, 87-88, 91. Slovenia, A/52/38/Rev.1, paras.100, 105. South Africa, A/53/38/Rev.1, para.117. Spain, A/54/38, para.257. Ukraine, A/51/38, para.283. Uzbekistan, A/56/38, paras.169-170, 174. Vietnam, A/56/38, paras.250-252. Zambia, A/49/38, para.361. Zimbabwe, A/53/38, para.139.

6　Andorra, A/56/38, para.38. Armenia, A/52/38/Rev.1, Part II, para.65. Czech Republic, A/53/38, para.206. Germany, A/55/38, para.313. Kazakhstan, A/56/38, para.92. Nicaragua, A/48/38, para.294. Spain, A/54/38, para.258. Uzbekistan, A/56/38, para.168. Vietnam, A/56/38, para.251.

7　Chile, A/50/38, para.225. Czech Republic, A/53/38, para.201. Denmark, A/52/38/Rev.1, para.267. Kazakhstan, A/56/38, paras. 89-90. Republic of Moldova, A/55/38, para.98. Romania, A/55/38, para.302.
　　第4条の暫定的特別措置は, 一般的にアファーマティブ・アクション (affirmative action) ＝積極的平等措置, 又はポジティブ・アクション (positive action 又は positive measure) ＝積極的行動, と呼ばれているものである。詳細は, 大脇雅子「第4条　差別とならない特別措置」国際女性の地位協会編『女子差別撤廃条約註解』(尚学社, 1996年) 86-100頁参照。

る[13]。

(3) 子どもの強制的な婚姻
女子差別撤廃委員会は,「一般的勧告21」(婚姻及び家族関係における平等)が取り扱う子どもの強制的な婚姻に関して,多数の「最終所見」を採択し

8　Colombia, CCPR/C/79/Add.76, para.37. Gabon, CCPR/CO/70/GAB, para.9. Guyana, CCPR/C/79/Add.121, para.13. Ireland, A/55/40, paras. 441, 450(d). Kuwait, CCPR/CO /69/KWT, paras. 7-8. Lebanon, CCPR/C/79/Add.78, paras.18-19. Libyan Arab Jamahiriya, CCPR/C/79/Add.101, para.17. Monaco, CCPR/CO/72/MCO, para.9. Nepal, CCPR/C/79/Add.42, para.8. Netherlands, CCPR/CO/72/NET, para.25. Peru, CCPR/C/79/Add.72, para.14. Romania, CCPR/C/79/Add.30, para.16. Russian Federation, CCPR/C/79/Add.54, para.14. Senegal, CCPR/C/79/Add 82, para.12. Syrian Arab Republic, CCPR/CO/71/SYR, para.18. Uzbekistan, CCPR/CO/71/UZB, para.20. Venezuela, CCPR/CO/71/VEN, para.22. Yemen, A/50/40, para.261. Zambia, CCPR/C/79/Add.62, paras.9, 21. Zimbabwe, CCPR/C/79/Add. 89, para.12.

9　Kuwait, CCPR/CO/69/KWT, paras.7-8. Lebanon, CCPR/C/79/Add.78, para.18. Venezuela, CCPR/CO/71/VEN, para.22.

10　Gabon, CCPR/CO/70/GAB, para.9. Guyana, CCPR/C/79/Add.121, para.13. Libyan Arab Jamahiriya, CCPR/C/79/Add.101, para.17. Nepal,CCPR/C/79/Add.42, para.8. Senegal, CCPR/C/79/Add 82, para.12. Zambia, CCPR/C/79/Add.62, para.9. Zimbabwe, CCPR/C/79/Add. 89, para.12.

11　Lesotho, CRC/C/15/Add.147, para.25.

12　United Republic of Tanzania, CRC/C/15/Add.156, para.26.

13　Egypt, CRC/C/15/Add.145, para.29(a). Lesotho, CRC/C/15/Add.147, para.25.

14　Burundi, A/56/38, para.56. Cameroon, A/55/38, para.54. Democratic Republic of the Congo, A/55/38, para.215. Egypt, A/56/38, paras.352-353. Ethiopia, A/51/38, para.149. Guinea, A/56/38, paras.122-123, 134. India, A/55/38, para.62. Indonesia, A/53/38, para.248(a). Israel, A/52/38 Rev.1, Part II, paras.163, 178. Maldives, A/56/38, paras.136-137. Nepal, A/54/38, para.153. Republic of Moldova, A/55/38, para.113. Romania, A/55/38, paras.318-319. Ukraine, A/51/38, para.293. Uzbekistan, A/56/38, para.188.

15　Burundi, A/56/38, para.56. Cameroon, A/55/38, para.54. Egypt, A/56/38, para.353. Israel, A/52/38 Rev.1, Part II, para.178. Maldives, A/56/38, para.135. Republic of Moldova, A/55/38, para.113. Romania, A/55/38, para.319.

ている[14]。同委員会は，子どもの結婚を撤廃する法律の制定を勧告しているが，法改正のみでは子どもの婚姻を撤廃できないとしている[15]。

また，同委員会は，いくつかの「最終所見」において，差別的な文化態度が子どもの強制的結婚の慣行を助長していることを認め[16]，国民の意識を変革させるキャンペーンが，とりわけ女性と少女たちに対する態度を変えることを目指すよう締約国に推奨している[17]。

規約人権委員会の「一般的意見28」は，子どもと強制的な婚姻に関する問題に言及しているが，「最終所見」においては，この問題に対する総合的な勧告は未だ行っていない。

児童権利委員会は，主要条約機関のなかで唯一，明確に有害な伝統的慣行について議論しており，子どもの強制的な婚姻が有害な伝統的慣行であり，また，ジェンダーに基づく差別であると結論づけている[18]。例えば，シエラレオネに対する「最終所見」では，慣習法が伝統的な慣行を永続させる役割を果たしており，児童の権利条約に抵触するとしている[19]。さらに，同委員会は，婚姻登録を採用することによって子どもの強制的な婚姻は廃止できると勧告している[20]。特に，強制的な結婚と高い妊産婦死亡率には因果関係があると述べている[21]ことは注目に値する。しかしながら，同委員会は，子どもの強制的な結婚が少女に対する暴力であるかどうかに

---

16 Cameroon, A/55/38, para.54. Democratic Republic of the Congo, A/55/38, para.216. Guinea, A/56/38, para.122. Nepal, A/54/38, para.153.

17 Cameroon, A/55/38, para.54. Democratic Republic of the Congo, A/55/38, para.216. Guinea, A/56/38, para.123. Nepal, A/54/38, para.154. Vietnam, A/56/38, para.259.

18 Bangladesh, CRC/C/15/Add.74, para.15. Burkina Faso, CRC/C/15/Add.19, para.14. Djibouti, CRC/C/15/Add.131, para.25. India, CRC/C/15/Add.115, paras. 32-33.

19 Sierra Leone, CRC/C/15/Add.116.

20 Democratic Republic of the Congo, CRC/C/15/Add.153, para.41.

21 Benin, CRC/C/15/Add.106, para.26. India, CRC/C/15/Add.115, para.50. Kuwait, CRC/C/15/Add.96, para.28. Lebanon, CRC/C/15/Add.54, para.16. Mali, CRC/C/15/Add.113, para.28.

ついては明確にはしていない。

(4) 重　婚

女子差別撤廃委員会は，重婚が有害な伝統的慣行であるとする見解を示している[22]。そのため同委員会は，家族内における女性の慣習的・文化的で定型化された役割を撤廃する必要があるとの強い立場を表明している[23]。

規約人権員会は，その「一般的意見28」において，重婚は女性に対する差別であるとしており[24]，また，いくつかの「最終所見」においても重婚を取り上げ，これを廃止し予防する措置をとることを，締約国に勧告している[25]。

児童権利委員会は，これまでのところ重婚に関して，ジブチにおける「最終所見」のなかで，子どもに与える影響について述べているだけである[26]。

(5) 離婚及び子どもの監護権

女子差別撤廃委員会は，離婚及び子どもの監護権に関し，これまでのところ女性の権利として広範囲な適用は行っていない。しかし，委員会は

22　女子差別撤廃委員会「一般的勧告21」のパラグラフ14参照。Burkina Faso, A/55/38, paras. 281-282. Cameroon, A/55/38, para.54. Democratic Republic of the Congo, A/55/38, paras.215-216. Egypt, A/56/38, paras. 352-353. Guinea, A/56/38, paras.122-123. Indonesia, A/53/38, para.284(a). Iraq, A/55/38, para.191. Israel, A/52/38 Rev.1, Part II, para.163. Jordan, A/55/38, paras.174-175. Namibia, A/52/38/Rev.1, Part II, para.110. Nepal, A/54/38, para.153. Nigeria, A/53/38/Rev.1, para. 153. Senegal, A/49/38, para.721. United Republic of Tanzania, A/53/38/Rev.1,para.229. Uzbekistan, A/56/38, paras.187–188.

23　Guinea, A/56/38, paras.122-123. Iraq, A/55/38, paras.191-192.

24　規約人権委員会「一般的意見28」パラグラフ24参照。

25　Democratic Republic of the Congo, CCPR/C/79/Add.118, para.11. Gabon, CCPR/CO /70/G AB, para.9. Libyan Arab Jamahiriya, CCPR/C/79/Add.101, para.17. Nigeria,CCPR/C/79/Add.65, A/51/40, para.291. Senegal, CCPR/C/79/Add 82, para.12.

26　Djibouti, CRC/C/15/Add.131, para.34.

「最終所見」の中で，締約国は離婚後の財産分与を得ることと子どもの監護については，女性の権利として保障すべきとしている[27]。

規約人権委員会は，差別的な離婚に関する法に対して，いくつかの「最終所見」を採択している[28]が，女性の経済的・社会的・文化的権利が侵害された結果としての離婚及び子どもの監護権に関しては，首尾一貫した理論を用いているわけではない。

また，本件に関しては個人通報の事例[29]もあるが，ここでは特に検討には加えない。

児童権利委員会は，すべての監護決定が下される際に，子どもの参加及び感情を考慮し，子どもの最善の利益が最も尊重されなければならないことを強調している[30]。最近では，委員会は締約国に対して，女性と子どもが離婚に際して，その後の生活の維持するための金銭支払い（財産分与）を要求する権利が与えられることを保障すべきである勧告している[31]。

第2項　暴　　力

本項では，「リプロダクティブ・ライツ」及び「リプロダクティブ・ヘルス」に関連する暴力に関しての関連条文と，「一般的勧告」及び「一般

27　Romania, A/55/38, para.319. Morocco, A/52/38/Rev.1, para.64.
28　Gabon, CCPR/CO/70/GAB, para.9. Guyana, CCPR/C/79/Add.121, para.13. Libyan Arab Jamahiriya, CCPR/C/79/Add.101, para.17. Nepal, CCPR/C/79/Add.42, para.8. Peru, CCPR/C/79/Add.72, para.16. Syrian Arab Republic, CCPR/CO/71/SYR, para.18. Venezuela, CCPR/CO/71/VEN, para.22. Zambia, CCPR/C/79/Add.62, para.9.
29　例えば，規約人権委員会が本案審査をした通報例としては，以下のようなものがある。Aumeeruddy–Cziffra et,al v. Mauritias, Communication No. 35/1978, CCPR/C/12/D/35/1978. F.H. Zwaan–de Vries v. the Netherlands, CCPR/C/29/D/182/1984.
30　Burundi, CRC/C/15/Add.133, para.47. United Republic of Tanzania, CRC/C/15/Add.156, paras.28-29.
31　Cote d'Ivoire, CRC/C/15/Add.155, paras.32-33. Ethiopia, CRC/C/15/Add.144, para.49.

的意見」を検討し，その後，さらに，①ドメスティック・バイオレンス，②性暴力，③セクシュアル・ハラスメント，及び④リプロダクティブ・ヘルスサービスの侵害という項目を設けて検討する。但し，児童権利委員会の「最終所見」は，これらの項目に関して特に意見を表明していないため，ここでは触れない。

(1) 関連条文及び「一般的勧告」・「一般的意見」

女子差別撤廃条約において暴力と関連するのは，第5条（役割に基づく偏見等の撤廃）及び第12条（保健における差別の撤廃）である。

また，特に関連する「一般的勧告」としては，「女性に対する暴力」に関する「一般的意見12」及び「一般的意見19」がある。

委員会は，女性に対する暴力を包括的に取り扱っている。委員会は，すべての国家において，女性たちに対する暴力が存在するとしている。そのため，委員会は，締約国がその報告書においてこの問題に関する情報を提供していないときには，多くの「最終所見」の中で，女性に対する暴力の情報とデータの提出を要求している[32]。

自由権規約において暴力と関連するのは，第6条（生命に対する権利），第7条（拷問又は残虐な取り扱いの禁止）及び第9条（身体の自由及び安全）である。

---

[32] Armenia, A/52/38/Rev.1, Part II, para.66. Austria, A/55/38, para.239. Barbados, A/49/38, para.449(c). Bolivia, A/50/38, para.101. Cameroon, A/55/38, para.65. Chile, A/54/38, para.232. Colombia, A/54/38, para.384. Cuba, A/55/38, paras.263-264. Denmark, A/52/38/Rev.1, para.264. Dominican Republic, A/53/38, para.344. Egypt, A/56/38, para.343. Georgia, A/54/38, para.114. Germany, A/55/38, para.306. Guyana, A/50/38, para.624. India, A/55/38, para.70. Indonesia, A/53/38, para.303. Ireland, A/54/38, para.188. Iraq, A/55/38, paras.189-190. Kyrgyzstan, A/54/38, para.123. Libyan Arab Jamahiriya, A/49/38, para.184. Madagascar, A/49/38, para.243. Myanmar, A/55/38, para.134. Netherlands, A/56/38, paras.207-208. Romania, A/55/38, para.307. Sweden, A/56/38, para.353. Ukraine, A/51/38, para.397. United Republic of Tanzania, A/54/38, para.240.

また，特に関連する「一般的意見」としては，「男女の同権」に関する「一般的意見28」がある。同意見パラグラフ11は，女性に対するドメスティック・バイオレンス及び性暴力が，自由権規約第7条に違反するとして，これを強く非難している。また，「生命に対する権利」に関する「一般的意見6」は，そのパラグラフ5において，「幼児死亡率を減少させ，平均余命を引上げるための可能なあらゆる措置をとることが望ましいと考える」と述べている。

　規約人権委員会の「最終所見」は，生命に対する権利の侵害としての暴力を一般的に取り扱っている。また，女性に対する暴力は，法上の罰則規定を設けるよう勧告している[33]。

　児童の権利条約において暴力と関連するのは，第19条（虐待からの保護），第34条（性的搾取からの保護）及び第39条（回復及び復帰）である。委員会は，これまでのところ，暴力に関連する「一般的勧告」を採択していない。

　また，児童権利委員会の「最終所見」において，暴力とリプロダクティブ・ライツ及びリプロダクティブ・ヘルスに関連する問題を取り扱うことは少ない。しかし，例えば次のような勧告もみられる。まず，委員会は子どもたちに対する暴力をもたらす要因を調査し，更生サービスを扱う種々の法及び政策が認知されるよう，教育のキャンペーンの重要性を勧告している[34]。委員会はまた，女性たちに対するドメスティック・バイオレンスと児童虐待の間に重要な関連性があるとし[35]，伝統的な態度が暴力を永続させる一因となっていることを強調している[36]。

---

[33] Algeria, CCPR/C/79/Add.95, para.6. Armenia, CCPR/C/79/Add.100, para.16. Brazil, CCPR/C/79/Add.66. A/51/40, para.335. Colombia, CCPR/C/79/Add.76, para.37. Costa Rica, CCPR/C/79/Add.107, para.12. Czech Republic, CCPR/CO/72/CZE, para.14. Ecuador, CCPR/C/79/Add.92, para.10. Guatemala, CCPR/C/79/Add.63, para.33. Guatemala, CCPR/CO /72/GTM, para.24. India, CCPR/C/79/Add.81, para.16. Kyrgyzstan,CCPR/CO/69/KGZ, para.14. Lithuania, CCPR/C/79/Add.87, para.11. Peru, CCPR/C/79/Add.72, para.22. Senegal, CCPR/C/79/Add 82, para.13. Uzbekistan, CCPR/CO /71/UZB, para.19. Venezuela, CCPR/CO /71/VEN, paras.17, 20. Zambia,CCPR/C/79/Add.62, para.9. Zimbabwe, CCPR/C/79/Add. 89, para. 14.

34 Australia, CRC/C/15/Add.79, para.26. Benin. CRC/C/15/Add.106, para.23. Bhutan, CRC/C/15/Add.157, para.41. Bulgaria,CRC/C/15/Add.66, para.30. Burundi, CRC/C/15/Add.133, para. 49. Cambodia, CRC/C/15/Add.128, para.43. Central African Republic,CRC/C/15/Add.138, para.45. Chad, CRC/C/15/Add.107, paras.24-25. Colombia,CRC/C/15/Add.137, para. 46. Comoros, CRC/C/15/Add.141, para. 32. Costa Rica,CRC/C/15/Add.117, paras. 9, 20. Côte d'Ivoire, CRC/C/15/Add.155, paras. 37, 58. Democratic Republic of the Congo, CRC/C/15/Add.153, paras. 27, 33, 39, 47, 51, 61. Denmark,CRC/C/15/Add.151, para.35. Dominican Republic, CRC/C/15/A dd.150, paras. 3, 34, 48. Egypt, CRC/C/15/Add.145, para. 38. Ethiopia, CRC/C/15/Add.67, para. 31. Ethiopia, CRC/C/15/Add.144, paras.39, 47, 69, 73. Finland, CRC/C/15/Add.53, para.17. Georgia, CRC/C/15/Add.124, paras. 41, 43. Ghana, CRC/C/15/Add.73, para. 47. Grenada, CRC/C/15/Add.121, para.20. Guatemala, CRC/C/15/A dd.154, para. 5, 31, 37. Honduras, CRC/C/15/Add.105, para. 26. Iran (Islamic Republic of), CRC/C/15/Add.123, para. 40. Iraq,CRC/C/15/Add.94, para. 21. Italy, 27/11/95, CRC/C/15/Add.41, para. 20. Jordan, CRC/C/15/Add.125, paras. 41-42. Kyrgyzstan, CRC/C/15/Add.127, paras.39-40. Latvia, CRC/C/15/Add.142, paras. 28, 32, 50. Lesotho, CRC/C/15/Add.147, paras.31-32, 42, 45. Liechtenstein, CRC/C/15/Add.143, paras. 25, 31-32. Lithuania, CRC/C/15/A dd.146, paras. 26, 52. Mali,CRC/C/15/Add.113, para. 24. Malta,CRC/C/15/Add.129, para. 34. Marshall Islands, CRC/C/15/Add.139, paras. 42-43. Mauritius,CRC/C/15/Add.64, para. 31. Mexico,CRC/C/15/Add.112, para.25. Micronesia (Federated States of), CRC/C/15/Add.86, para.35. Monaco,CRC/C/15/Add.158, para.27. Myanmar, CRC/C/15/Add.69, para.45. New Zealand, CRC/C/15/Add.71, paras.16, 29. Nicaragua, CRC/C/15/Add.108, para.33. Nicaragua,CRC/C/15/Add.36, para. 35. Pakistan, CRC/C/15/Add.18, para. 28. Palau, CRC/C/15/Add.149, paras. 43, 45, 47. Poland, CRC/C/15/Add.31, para. 30. Russian Federation, CRC/C/15/Add.110, paras. 32, 35. Saint Kitts and Nevis, CRC/C/15/Add.104, para. 25. Saudi Arabia, CRC/C/15/Add.148, paras. 28, 34, 36. Slovakia, CRC/C/15/A dd.140, paras. 25-26, 32. South Africa, CRC/C/15/Add.122, paras. 10, 27. Suriname, CRC/C/15/Add.130, paras. 40, 42. Tajikistan, CRC/C/15/Add.136, para. 35. Thailand, CRC/C/15/Add.97, para. 23. Turkey, CRC/C/15/Add.152, paras. 22, 40, 46, 48, 64. Uganda, CRC/C/15/A dd.80, para. 12. United Kingdom of Great Britain and Northern Ireland‒Overseas Territories, CRC/C/15/Add.134, para. 13. United Republic of Tanzania, CRC/C/15/Add.156, para. 27, 39, 45, 57, 59. Vanuatu, CRC/C/15/Add.111, para. 20. Venezuela, CRC/C/15/Add.109, para. 25.

第2節　主要人権条約及び条約機関における実行　85

(2) ドメスティック・バイオレンス

　女子差別撤廃委員会は，しばしばドメスティック・バイオレンスについてコメントをしており[37]，それは一般的に包括的で広範囲にわたる。委員会は，多くの「最終所見」の中で，ドメスティック・バイオレンスの防止及び刑罰に関する法の制定と施行を主張し，ドメスティック・バイオレンスに対する締約国の責任について勧告している[38]。委員会はまた，いくつかの締約国に対して，婚姻している女性に対する強姦（婚姻内強姦）への罰則を男性に課さないことにより，婚姻している女性たちが危険に晒されているとして，それらの法律を再検討し，改正することを勧告している[39]。

　規約人権委員会は，ドメスティック・バイオレンスに関する数多くのコメントを行っており[40]，ドメスティック・バイオレンスが犯罪であるとして，それを取り締まる法を制定することを国家の責任としている[41]。また，婚姻内強姦についても犯罪であるとして，法律の制定を勧告している[42]。

(3) 性暴力

35　Ethiopia, CRC/C/15/A dd.144, paras. 46-47.
36　Cambodia, CRC/C/15/Add.128, para. 43. Colombia, CRC/C/15/Add.137, para. 46. Comoros, CRC/C/15/Add.141, para. 32. Costa Rica, CRC/C/15/Add.117, para. 20. Cote d'Ivoire, CRC/C/15/Add.155, para.37. Democratic Republic of the Congo, CRC/C/15/Add.153, paras. 39, 50. Dominican Republic, CRC/C/15/Add.150, para. 34. Egypt, CRC/C/15/Add.145, para. 38. Georgia, CRC/C/15/Add.124, para.41. Grenada,.CRC/C/15/Add.121, para. 20. Guatemala, CRC/C/15/Add.154, para. 37. Honduras, CRC/C/15/Add.105, para. 25. Iraq, CRC/C/15/Add.94, para. 21. Latvia, CRC/C/15/A dd.142, para. 32. Lesotho, CRC/C/15/Add.147, paras. 31, 42. Lithuania, CRC/C/15/Add.146, paras. 25-26, 32. Malta, CRC/C/15/Add.129, para. 34. Mexico, CRC/C/15/A dd.112, para. 25, Nicaragua, CRC/C/15/Add.108, para. 33. Palau, CRC/C/15/Add.149, paras. 44-45. Saint Kitts and Nevis, CRC/C/15/Add.104, para. 25. Saudi Arabia, CRC/C/15/Add.148, para. 36. Suriname, CRC/C/15/Add.130, para. 40. Turkey, CRC/C/15/Add.152, paras. 45-47. United Kingdom of Great Britain and Northern Ireland−Overseas Territories, CRC/C/15/Add.135, para. 34. United Republic of Tanzania, CRC/C/15/Add.156, para. 45. Venezuela, CRC/C/15/A dd.109, para. 25.

女子差別撤廃条約委員会は，暗黙のうちに暴力を容認することによって，女性たちを差別している現行法を取り扱うよう努めている。そのため，委

37　Algeria, A/54/38, para. 79. Australia, A/52/38/Rev.1, Part II para. 397. Belarus, A/55/38, para. 370. Bolivia, A/50/38, para. 99. Burkina Faso, A/55/38, paras. 270-271. Cameroon, A/55/38, paras. 49-50. China, A/54/38, para. 285. China-Hong Kong Special Administrative Region, A/54/38, paras. 323-324. Colombia, 04/02/99, . A/54/38, paras. 373-374, 397. Colombia, 31/05/95, . A/50/38, para. 611. Egypt, A/56/38, para. 342. Finland, A/50/38, para. 395. Germany, A/55/38, paras. 306, 308. Guinea, A/56/38, para. 134. Guyana, A/56/38, para. 172. India, A/55/38, para. 69. Italy, A/52/38/Rev.1, Part II, para. 359. Jamaica, A/56/38, para. 225. Kazakhstan, A/56/38, para.95. Lithuania, A/55/38, para. 150. Luxembourg, A/52/38/Rev.1, Part II, para. 207. Luxembourg, A/55/38, paras. 410-411. Maldives, A/56/38, para. 137. Mongolia, A/56/38, para. 261. Namibia, A/52/38/Rev.1, Part II, para. 120. Netherlands, A/56/38, para. 207. New Zealand, A/53/38/Rev.1, para. 279. Nicaragua, A/56/38, para. 324. Peru,. A/53/38/Rev.1, para.325. Republic of Moldova, A/55/38, paras. 101-102. Romania, A/55/38, paras. 300, 306-307. Singapore, A/56/38, para. 79. Slovakia, A/53/38/Rev.1, para.79. Spain, A/54/38, para. 263. Sweden,. A/56/38, para. 352. Thailand, A/54/38, para. 243. Turkey, A/52/38/Rev.1, paras. 183, 194. Uganda, A/50/38, para. 332. Unit ed Kingdom of Great Britain and Northern Ireland,A/54/38, para. 311. Uzbekistan, A/56/38, para. 176. Venezuela, A/52/38/Rev.1, para. 233. Vietnam, A/56/38, para. 258. Zambia, A/49/38, para. 363.

38　Algeria, A/54/38, para. 79. Bolivia, A/50/38, para. 99. Burkina Faso, A/55/38, para. 271. Cameroon, A/55/38, para. 50. Colombia, A/54/38, paras. 373-374. Egypt, A/56/38, para. 345. Germany, A/55/38, para. 320. Guinea, A/56/38, para. 135. Guyana, A/56/38, para. 173. India, A/55/38, para. 69. Jamaica, A/56/38, para. 226. Kazakhstan, A/56/38, para. 96. Lithuania, A/55/38, para.151. Luxembourg, A/52/38/Rev.1, Part II, para. 207. Luxembourg, A/55/38, para. 411. Maldives, A/56/38, para. 138. Mongolia, A/56/38, para. 262. Namibia, A/52/38/Rev.1, Part II, para. 120. Nicaragua, A/56/38, paras. 308-309. Republic of Moldova,.A/55/38, para. 102. Romania, A/55/38, paras. 300, 306-307. Slovakia,. A/53/38/Rev.1, para. 80. Spain, A/54/38, para. 264. Thailand, A/54/38, para. 243. Turkey, A/52/38/Rev.1, para. 194. United Kingdom of Great Britain and Northern Ireland,. A/54/38, para. 311. Uzbekistan, A/56/38, para. 177. Vietnam, A/56/38, para. 259.

員会は強姦の加害者が，被害者と婚姻することによって，刑事責任から免れることを認める刑法典の例外規定を批判している[43]。また，強姦の結果中絶に至る場合において女性に処罰することを非難している[44]。

---

39 例えば，女性差別撤廃委員会は妻への強姦が非合法ではないいくつかのケースについて，憂慮を抱いていると表現している。China-Hong Kong Special Administrative Region, A/54/38, para. 323. Egypt, A/56/38, para. 344. Greece, A/54/38, para. 192. Jamaica, A/56/38, para. 225. Maldives, A/56/38, para. 138. Mongolia, A/56/38, para. 262. Namibia, A/52/38/Rev.1, Part II, para. 120. Romania, A/55/38, para. 306. South Africa, A/53/38/Rev.1, para. 124. Thailand, A/54/38, para. 243. Uzbekistan, A/56/38, para. 177. Vietnam. A/56/38, paras. 258-259.

40 Argentina, CCPR/CO/70/ARG, para.15. Armenia, CCPR/C/79/Add.100, para. 16. Colombia, CCPR/C/79/Add.76, para. 27. Costa Rica, CCPR/C/79/Add.107, para. 12. Czech Republic, CCPR/CO/72/CZE, para. 14. Dominican Republic, CCPR/CO/71/DOM, para. 19. Guatemala, CCPR/C/79/Add.63, para. 33. Guyana, CCPR/C/79/Add.121, para. 14. India, CCPR/C/79/Add.81, para. 16. Jamaica, CCPR/C/79/Add.83, para. 12. 日本，CCPR/C/79/Add.102, para. 30. Kyrgyzstan, CCPR/CO/69/KGZ, para. 14. Libyan Arab Jamahiriya, CCPR/C/79/Add.101, para. 17. Lithuania, CCPR/C/79/Add.87, para. 11. Mongolia, CCPR/C/79/Add. 120, para. 8. Mexico, CCPR/C/79/Add.32, para. 17. Russian Federation, CCPR/C/79/Add.54, para. 14. Senegal, CCPR/C/79/Add 82, para. 13. The Former Yugoslav Republic of Macedonia, CCPR/C/79/Add.96, para. 14. The United Republic of Tanzania, CCPR/C/79/Add.97, para. 11. Uzbekistan, CCPR/CO /71/UZB, para. 19. Yemen, CCPR/C/79/Add. 51, A /50/40, para. 255. Zimbabwe, CCPR/C/79/Add. 89, para. 14.

41 India, CCPR/C/79/Add.81, para. 16. Mongolia, CCPR/C/79/Add.120, para. 8(g). The United Republic of Tanzania, CCPR/C/79/Add.97, para. 11. Uzbekistan, CCPR/CO /71/UZB, para. 19. Zimbabwe, CCPR/C/79/Add. 89, para. 14.

42 India, CCPR/C/79/Add.81, para. 16. Mongolia, CCPR/C/79/Add.120, para. 8(g) . The United Republic of Tanzania, CCPR/C/79/Add.97, para. 11. Uzbekistan, CCPR/CO/71/U ZB, para.19. Zimbabwe, CCPR/C/79/Add. 89, para. 14.

43 Romania, A/55/38, para. 306. Vietnam, A/56/38, paras. 258-259.

44 Colombia, A/54/38, para. 393. Jordan, A/55/38, paras. 180-181. Myanmar, A/55/38, para. 129. Nepal, A/54/38, para. 147. Panama, A/53/38/Rev.1, para. 201. Venezuela, A/52/38/Rev.1, para. 236.

規約人権委員会は，いくつかの「最終所見」において，女性に対する性暴力について論じており[45]，法的な救済が必要であることも強調している[46]。さらに，武力紛争下での女性に対する性暴力についても，その予防と処罰は国家の責任であるとしている[47]。

(4) セクシュアル・ハラスメント

女子差別撤廃委員会は，セクシュアル・ハラスメントを女性に対する暴力であると位置づけている[48]。また，委員会は，武力紛争下における女性たちがセクシュアル・ハラスメントの被害をうけることが増している可能

---

[45] Algeria, CCPR/C/79/Add.95, para. 6. Argentina, CCPR/CO/70/ARG, para. 15. Armenia, CCPR/C/79/Add.100, para. 16. Democratic Republic of the Congo, CCPR/C/79/Add.118, para. 10. Czech Republic, CCPR/CO/72/CZE, para. 23. Dominican Republic,CCPR/CO/71/DOM, para. 19. Ecuador, CCPR/C/79/Add.92, para. 11. Guatemala, CCPR/C/79/Add.63, para. 16. Guatemala, CCPR/CO/72/GTM, para. 24. India, CCPR/C/79/Add.81, para. 16. 日本, CCPR/C/79/Add.102, para.30. Libyan Arab Jamahiriya, CCPR/C/79/Add.101, para. 17. Lithuania, CCPR/C/79/Add.87, para. 11. Mongolia, CCPR/C/79/Add.120, para.8(f). Peru, CCPR/C/79/Add.72, paras. 13, 22. Russian Federation, CCPR/C/79/Add.54. para. 14. The United Republic of Tanzania, CCPR/C/79/Add.97, para.11. United States of America, CCPR/C/79/Add.50, A/50/40, para. 285. Uruguay, CCPR/C/79/Add.90, para. 9. Venezuela,CCPR/CO/71/VEN, paras. 17, 20, 26. Yugoslavia, CCPR/C/79/Add.16, para. 5. Zimbabwe, CCPR/C/79/Add. 89, para. 14.

[46] Armenia, CCPR/C/79/Add.100, para.16. Czech Republic, CCPR/CO/72/CZE, para. 23. Guatemala,CCPR/CO/72/GTM, para. 24. 日本, CCPR/C/79/Add.102, para.30. Libyan Arab Jamahiriya, CCPR/C/79/Add.101, para. 17. Lithuania, CCPR/C/79/Add.87, para. 11. Russian Federation, CCPR/C/79/Add.54, para. 14. Venezuela, CCPR/CO/71/VEN, paras. 17, 20, 26.

[47] Algeria, CCPR/C/79/Add.95, para. 6. Democratic Republic of the Congo, CCPR/C/79/Add.118, para. 10. Guatemala, CCPR/C/79/Add.63, para. 16. Yugoslavia, CCPR/C/79/Add.16, para. 5.

[48] Thailand, A/54/38, para. 243. United Republic of Tanzania, A/53/38/Rev.1, para. 228.

[49] India, A/55/38, para. 72.

性を示唆している[49]。さらに，委員会は，セクシュアル・ハラスメントに対する法律が存在しない締約国には憂慮を示し[50]，当該法を採用した締約国を称賛している[51]。委員会は，締約国に対し明示的にセクシュアル・ハラスメントを防止する法を採用することを強く勧告している[52]。

規約人権委員会は，セクシュアル・ハラスメントが女性に対する差別であると結論し[53]，特に雇用問題との関連で論じている。

(5) リプロダクティブ・ヘルスサービスの侵害

女子差別撤廃委員会は，人口政策と家族計画プログラムの強制的な実行が，女性たちに対する暴力であるとしている[54]。

規約人権委員会は，障害を持つ女性たちに対する強制的断種に関するリプロダクティブ・ヘルスサービスについて論じており[55]，締約国に対して，女性に対する説明と同意（informed consent）を求め[56]，及びこれらの被害者に対する補償を勧告している[57]。

第3項　FGM及び他の有害な伝統的慣行

女子差別撤廃条約において，FGM及び他の有害な伝統的慣行と関連するのは，第5条（役割に基づく偏見等の撤廃）及び第12条（保健における差

50　Luxembourg, A/52/38/Rev.1, Part II, para. 207. Romania, A/55/38, para. 306.

51　Lithuania, A/55/38, para. 131. Philippines, A/52/38/Rev.1, para. 286.

52　Finland, A/56/38, para. 301. India, A/55/38, para. 70. Thailand, A/54/38, para. 243.

53　Argentina, CCPR/CO/70/ARG, para. 15.

54　China, A/54/38, paras. 274, 299(b), 300. Indonesia, A/53/38, paras. 394, 410. Mexico, A/53/38, paras. 394, 410.

55　Peru, CCPR/CO/70/PER, para.21. 日本，CCPR/C/79/Add.102, para.31.

56　Peru, CCPR/CO/70/PER, para. 21

57　これは，日本に対しての「最終所見」であり，優生保護法下における強制不妊手術のことであるが，現時点（2007年1月）で不妊手術を施術された人への補償はおろか実態調査すらほとんどなれていない。CCPR/C/79/Add.102, para. 31.

別の撤廃)である。

　委員会は，FGM の問題を取り扱う唯一の条約監視機関であり，FGMの問題に関する「一般的勧告」を採択している。それは，「FGM」に関する「一般的勧告14」，「女性に対する暴力」に関する「一般的勧告19」，及び「女性と健康」に関する「一般的勧告24」である。とりわけ「一般的勧告14」は，FGM は有害な慣習であり，これを持続させている要因として，文化的・伝統的・経済的圧迫が継続しているからであると認識する。その上で，委員会は，FGM が女性と子どもの健康に悪影響を及ぼすことを明らかにし，締約国に対して FGM を廃絶する観点から，適切かつ効果的な対策を講じるよう勧告している。

　また，「一般的勧告24」において委員会は，FGM を根絶することは締約国の義務であると強調している。

　委員会は，特に1990年の「一般的勧告14」の採択後から FGM に関する多くの「最終所見」を採択しており，それが明白な女性に対する差別的慣行であり，締約国にこれを廃絶するよう勧告している[58]。委員会は，その他の有害な伝統的慣行として，女児の嬰児殺（female infanticide）や男児優先嗜好（son preference）[59]，食物に関する禁忌（food taboos）[60]，強制妊娠（forced pregnancy）[61]，名誉殺人（honor killing）[62]，ダウリー（dowry）[63]，子

58　Cameroon, A/55/38, paras. 53-54. Democratic Republic of the Congo, A/55/38, para. 215. Ethiopia, A/51/38, para. 148. Guinea, A/55/38, paras. 122, 128. Israel, A/52/38 Rev.1, Part II, paras. 163, 178. Nigeria, A/53/38/Rev.1, para. 153. Senegal, A/49/38, para. 721. South Africa, A/53/38/Rev.1, paras. 133-134. Uganda, A/50/38, para. 333.

59　China, A/54/38, paras. 299(d), 301. India, A/55/38, paras. 50, 60, 78-79.

60　Democratic Republic of the Congo, A/55/38, para. 232. United Republic of Tanzania, A/53/38/Rev.1, para. 235.

61　Netherlands, A/56/38, para. 23.

62　Egypt, A/56/38, paras. 344, 346-347. Iraq, A/55/38, paras. 193-194. Israel, A/52/38/Rev.1, Part II, paras. 163, 178. Jordan, A/55/38, 178-179. Turkey, A/52/38/Rev.1, paras. 179, 195.

63　India, A/55/38, paras. 68-69. Nepal, A/54/38, paras. 153-154.

64　本書第2節第1項(3)参照。

どもの強制的な婚姻[64]，重婚[65]等を挙げている。

　自由権規約において，FGM及びその他の有害な伝統的慣行と関連するのは，第6条（生命に対する権利）及び第7条（拷問又は残虐な取り扱いの禁止）である。

　特に関連する「一般的意見」は，「男女の同権」に関する「一般的意見28」であり，FGMに関してはパラグラフ11において，「FGMの慣行が存在する締約国は，その程度及びそれを廃絶するためにとった措置に関する情報を提供しなければならない」としている。また，その他の有害な伝統的慣行に関しては，同パラグラフにおいて，「締約国はまた，女児の嬰児殺，ダウリーといった生命に対する権利を侵害する慣行から女性を保護する措置についても報告しなければならない」としている。

　規約人権委員会は，FGMについていくつかの「最終所見」[66]で取り上げており，FGMが規約第3条[67]，第6条[68]，第7条[69]及び第24条[70]の侵害であると位置づけている。また，その他の有害な伝統的慣行については，インドのダウリー[71]，ネパールの借金のための奴隷[72]，クウェートの名誉殺人（honor killing）[73]等をあげている。

65　本書第2節第1項(4)参照。
66　Lesotho, CCPR/C/79/Add.106, para. 12. Netherlands, CCPR/CO/72/NET, para. 11. Nigeria, CCPR/C/79/Add.65, A/51/40, para. 291. Senegal, CCPR/C/79/Add 82, para. 12. United Republic of Tanzania, CCPR/C/79/Add.97, para. 11. Sudan, CCPR/C/79/Add.85, para. 10. Yemen, CCPR/C/79/Add. 51. A /50/40, para. 255. Zimbabwe, CCPR/C/79/Add. 89, para. 12.
67　Nigeria, CCPR/C/79/Add.65, A/51/40, paras. 291, 296. Senegal, CCPR/C/79/Add 82, para. 12. Zimbabwe, CCPR/C/79/Add. 89, para. 12.
68　Lesotho, CCPR/C/79/Add.106, para. 12. Senegal, CCPR/C/79/Add 82, para. 12.
69　Lesotho, CCPR/C/79/Add.106, para. 12. Netherlands, CCPR/CO/72/NET, para.11. Senegal, CCPR/C/79/Add 82, para. 12. Sudan, CCPR/C/79/Add.85, para. 10. Zimbabwe, CCPR/C/79/Add. 89, para. 12.
70　Sudan, CCPR/C/79/Add.85, para. 10. Zimbabwe, CCPR/C/79/Add. 89, para. 12.
71　India, CCPR/C/79/Add.81, para. 16.
72　Nepal, CCPR/C/79/Add.42, para. 7.
73　Kuwait, CCPR/CO/69/KWT, para. 7.

児童の権利条約において、FGM及び他の有害な伝統的慣行と関連するのは、第24条（健康及び医療についての権利）、第24条3項（伝統的な慣行の廃止）及び第19条（虐待からの保護）である。この問題に関する「一般的勧告」は出ていない。

児童の権利条約は、人権条約の中で唯一、いわゆる有害な伝統的慣行について規定している。そのため、多くの「最終所見」においてFGMの根絶についても取り上げている[74]。但し、委員会は、ジェンダーに基づく差別に関する明示的な基準を明確に示しているとはいえない。しかし、「子どもの最善の利益」基準の適用は、個人の行動だけではなく、社会の観念をも変革することが必要であるという認識を明らかにし、主に法[75]と国民の意識改革プログラム[76]の採用を締約国に勧告している。

児童権利委員会は、その他の有害な伝統的慣行についても多くの「最終所見」の中で取り扱っている。それらは、バングラデシュのダウリー[77]、

---

74 Australia, CRC/C/15/Add.79, paras. 19, 34. Benin, CRC/C/15/Add.106, para. 26. Burkina Faso, CRC/C/15/Add.19, para. 14. Central African Republic, CRC/C/15/Add.138, paras. 58-59. Chad, CRC/C/15/Add.107, para. 29. Cote d'Ivoire, CRC/C/15/Add.155, paras. 6, 44-45. Democratic Republic of the Congo, CRC/C/15/Add.153, paras. 56-57. Djibouti, CRC/C/15/Add.131, paras. 43-44. Egypt, CRC/C/15/Add.145, paras. 45-46. Ethiopia, CRC/C/15/Add.144, paras. 14-15, 64-65. Ethiopia, CRC/C/15/Add.67, para. 14. Ghana, CRC/C/15/Add.73, para. 42. Guinea, CRC/C/15/Add.100, para. 26. Lesotho, CRC/C/15/Add.147, paras. 47-48. Mali, CRC/C/15/A dd.113, para. 28. Netherlands,. CRC/C/15/Add. 114, para. 18. Nigeria, CRC/C/15/A dd.61, paras. 15, 36. Sierra Leone,. CRC/C/15/Add.116, paras. 61-62. South Africa, CRC/C/15/Add.122, para. 33. Togo, CRC/C/15/Add.83, paras. 24, 48. United Republic of Tanzania, CRC/C/15/Add. 156, paras. 50-51. Yemen, CRC/C/15/Add.102, para. 26.

75 Australia, CRC/C/15/Add.79, para. 34. Central African Republic, CRC/C/15/Add.138, para. 59. Chad, CRC/C/15/Add.107, para. 29. Cote d'Ivoire, CRC/C/15/Add.155, paras. 6, 44-45. Democratic Republic of the Congo, CRC/C/15/Add.153, para. 57. Djibouti, CRC/C/15/Add.131, para. 44. Ethiopia, CRC/C/15/Add.144, paras. 14-15. Ghana, CRC/C/15/Add.73, para. 42. Guinea, CRC/C/15/Add.100, para. 26. Netherlands, CRC/C/15/Add.114, para. 18. Sierra Leone, CRC/C/15/Add.116, para. 62. Togo, CRC/C/15/Add.83, para. 48.

インドとタンザニアの女児の嬰児殺[78]，インドの男児優先嗜好[79]，ヨルダン及びトルコの名誉殺人[80]，エチオピアの口蓋垂切除（uvulectomy）及び乳歯除去（milk–teeth extraction）[81]，南アフリカの処女性テスト（virginity testing）[82]，コンゴの食べ物に関する禁忌[83]等である。

第4項　売春及びトラフィッキング（人身売買）

女子差別撤廃条約において売春及びトラフィッキングに関連する条文は，

---

[76] Australia, CRC/C/15/Add.79, para. 34. Benin, CRC/C/15/Add.106, para. 26. Central African Republic, CRC/C/15/Add.138, para. 59. Chad, CRC/C/15/Add.107, para. 29. Cote d'Ivoire, CRC/C/15/Add.155, para. 45. Democratic Republic of the Congo, CRC/C/15/Add.153, para. 57. Djibouti, CRC/C/15/Add.131, para. 43. Egypt, CRC/C/15/Add.145, para. 46. Ethiopia, CRC/C/15/Add.67, para. 23. Ghana, CRC/C/15/Add.73, para. 42. Guinea, CRC/C/15/Add.100, para. 26. Lesotho, CRC/C/15/Add.147, para. 48. Mali, CRC/C/15/Add.113, para. 28. Netherlands, CRC/C/15/Add.114, para. 18. Senegal, CRC/C/15/Add.44, para. 18. Sierra Leone, CRC/C/15/Add.116, para. 61. South Africa, CRC/C/15/Add.122, para. 33. Sudan, CRC/C/15/Add.10, para. 22. Togo, CRC/C/15/Add.83, para. 24. United Republic of Tanzania, CRC/C/15/Add.156, para. 51.

[77] ダウリーとは，結婚持参金殺人のことである。これまでにも，他の国際フォーラムの場所等でバングラデシュやインドでの例が多数報告されている。Bangladesh, CRC/C/15/Add.74, para. 15.

[78] India, CRC/C/15/Add.115, para. 32. United Republic of Tanzania, CRC/C/15/Add.156, para. 51.

[79] India, CRC/C/15/Add.115, para. 77.

[80] 名誉殺人とは，父親又は夫の名誉を傷つけたとして，レイプに遭った少女や父親の意思に反対して結婚した女性や，不倫をしたと疑いをかけられた妻が殺されることである。児童の権利委員会が取り上げたヨルダンの例は親の許可を得ないで散歩に出たという理由で，12歳になる娘を棒や鎖で殴り殺した父親についてである。Jordan, CRC/C/15/Add.125, paras. 35-36. Turkey, CRC/C/15/Add.152, para. 31.

[81] Ethiopia, CRC/C/15/Add.144, para. 64.

[82] South Africa, CRC/C/15/Add.122, para. 33.

[83] Democratic Republic of the Congo, CRC/C/15/Add.153, paras. 56-57.

第6条（売買・売春からの性的搾取の禁止）である。

女子差別撤廃委員会は，特に「女性に対する暴力」に関する「一般的勧告19」において，「売春」及び「トラフィッキング」について取り上げており，これをきわめて重要な問題と位置付けている。そのパラグラフ13において委員会は，「締約国は，第6条によって，あらゆる形態の女性の売買および女性の売春からの搾取を禁止するための措置をとるよう」要請している。

また，同委員会は，売春を違法としている締約国に対して，性労働従事者である女性を犯罪者としないこと，又はそのような法を再検討するように「最終所見」の中で要請している[84]。また，売春が合法である締約国に対して，性労働従事者が暴力と健康障害にさらされているという問題について，「最終所見」の中で憂慮を表明している[85]。さらに，委員会は，貧困や失業等の社会・経済的な問題から生ずる売春についても触れており，セックスワーカーである女性がレイプ及びその他の暴力に対して平等な法の保護が必要であるとして，これを要請している[86]。

また，同委員会は繰り返しトラフィッキングの問題についても論じている[87]。委員会は，「最終所見」において「トラフィッキング」に関する明確な定義を示していないが，これを第一義的には性搾取であるとしている[88]。そして，委員会は，トラフィッキングを撲滅するためには様々な取組み，特に法的な措置が必要であると強く勧告している[89]。そのために，多国間条約及び地域的協定が必要であり，締約国にそれらの作成を勧めている[90]。

自由権規約において，売春及びトラフィッキングに関連する条文は，第7条（拷問又は残虐な取り扱いの禁止），第8条（奴隷及び強制労働），第9

---

[84] China, A/54/38, paras. 288-289. Sweden, A/56/38, Part II, para. 354.

[85] Georgia, A/54/38, para. 101. Netherlands, A/56/38, Part II, paras. 209-210.

[86] Armenia, A/52/38/Rev.1, Part II, para. 59. Cameroon, A/55/38, para.51. China, A/54/38, para. 288. Colombia, A/54/38, para. 377. Cuba, A/55/38, paras. 265-266. Democratic Republic of the Congo, A/55/38, para. 219. Georgia, A/54/38, para. 101. Kyrgyzstan, A/54/38, para. 129. Netherlands, A/56/38, Part II, para. 210. Nicaragua, A/56/38, Par t II, para. 315.

条(身体の自由及び安全)である。また,特に関連する「一般的勧告」は,「男女の同権」に関する「一般的勧告28」であり,とりわけ,そのパラグラフ12は,「締約国は,第8条に基づくその義務を考慮して,委員会に,その国内又は国外でなされる女性と子どものトラフィッキングと強制的な

87　Austria, A/55/38, paras. 228, 239. Azerbaijan, A/53/38, para. 74. Bangladesh, A/52/38/Rev.1, Part II, para. 459. Belarus, A/55/38, para. 349, 371-372. Bulgaria, A/53/38, paras. 243, 256. China, A/54/38, paras. 290-291. China−Hong Kong Special Administrative Region, A/54/38, paras. 299(c), 326. Cyprus, 09/05/96, . A/51/38, paras. 53, 61. Denmark, 12/08/97, A/52/38/Rev.1, para. 269. Dominican Republic, A/53/38, paras. 333, 346. Finland, A/56/38, paras. 303-304. Georgia, A/54/38, paras. 101-102. Germany, A/55/38, paras. 321-322. Greece, A/54/38, paras. 197-198. India, A/55/38, paras. 62, 76-77. Indonesia, A/53/38, paras. 296, 300, 310. Kazakhstan, A/56/38, paras. 97-98. Kyrgyzstan, A/54/38, paras. 129-130. Lithuania, A/55/38, paras. 152-153. Mauritius, A/50/38, para. 209. Mexico, A/53/38, para.395. Mongolia, A/56/38, paras. 265-266. Myanmar, A/55/38, paras. 119-120, 121. Nepal, A/54/38, paras. 149-150. Netherlands, A/56/38, Part II, paras. 198, 211-212. Nicaragua, A/56/38, Part II, paras. 314-315. Norway, A/50/38, para. 494. Philippines, A/52/38/Rev.1, paras. 292, 299. Republic of Moldova, A/55/38, paras. 103-104. Romania,A/55/38, paras. 300, 308-309. Singapore, A/56/38, Part II, paras. 90-91. Slovakia, A/53/38, paras. 81-82. Sweden, A/56/38, Part II, paras. 354-355. Thailand, A/54/38, paras. 236-238. United Republic of Tanzania, A/53/38, para. 240. Uzbekistan, A/56/38, Part II, paras. 178-179. Vietnam, A/56/38, Part II, paras. 260-261.

88　女子差別撤廃条約第6条参照。Radhika Coomaraswamy, Report of the Special Rapporteur on Violence against Women, Its Causes and Consequences, Human Rights Commission, 56th Sess Agenda Item 12 (a), para.13,E/CN.4/2000/68 (2000).

89　Azerbaijan, A/53/38, para. 74. China, A/54/38, para. 291. Georgia, A/54/38, para. 102. Germany, A/55/38, para. 322. Greece, A/54/38, para. 198. India, A/55/38, para. 77. Kazakhstan, 02/02/01, . A/56/38, para. 98. Kyrgyzstan, A/54/38, para. 130. Nepal, A/54/38, para. 150. Philippines, A/52/38/Rev.1, para. 292. Republic of Moldova, A/55/38, para.104. Romania, A/55/38, paras. 300, 309. Singapore, A/56/38, Part II, para. 91. Sweden, A/56/38, Part II, para. 355. Uzbekistan, A/56/38, Part II, para. 179. Vietnam, A/56/38, Part II, para. 260.

売春を廃絶するためにとられた措置を通知しなければならない」としている。

規約人権委員会は，売春に触れた「最終所見」はこれまでにあまりない[91]。ただ，トラフィッキングに関しては，これを規約第8条違反とするものがいくつかある[92]。

児童の権利条約において，売春及びトラフィッキングに関連する条文は，第11条（不法な移送帰還の及び防止），第19条（虐待からの保護），第34条（性的搾取からの保護），第35条（誘拐，取引の禁止），及び第39条（回復及び復帰）である。児童権利委員会は，売春及びトラフィッキングに関連する「一般的勧告」は採択してはいない。

同委員会は，「最終所見」において，子どものトラフィッキングについての包括的な定義を行っており，また，売春とトラフィッキングが条約第34条及び第35条に違反するとしている[93]。また，子どもに対する売春及びトラフィッキングの有害な効果について取り上げた「最終所見」も若干あ

90　Austria, A/55/38, para. 228. Bangladesh, A/52/38/Rev.1, Part II, para. 459. Belarus, A/55/38, para. 372. Bulgaria, A/53/38, para. 243. Cyprus, A/51/38, para. 61. Dominican Republic, A/53/38, para. 346. Finland, A/56/38, para. 304. Germany, A/55/38, para. 322. India, A/55/38, para. 77. Kazakhstan, A/56/38, para. 98. Kyrgyzstan, A/54/38, para. 130. Lithuania, A/55/38, para. 153. Nepal, A/54/38, para.150. Republic of Moldova, A/55/38, para. 104. Romania, A/55/38, para.309. Slovakia, A/53/38/Rev.1, para. 82. Sweden, A/56/38, Part II, para. 355. Thailand, A/54/38, para. 238. Vietnam, A/56/38, Part II, para. 261.

91　Colombia, CCPR/C/79/Add.76, para. 16. Lithuania, CCPR/C/79/Add.87, para. 11. Mongolia, CCPR/C/79/Add.120.HRC, para. 8(d).

92　Croatia, CCPR/CO/71/HRV, para.12. Czech Republic, CCPR/CO/72/CZE, para. 13. Democratic People's Republic of Korea, CCPR/CO/72/PRK, para. 26. Netherlands, CCPR/CO/72/NET, para. 10. Venezuela, CCPR/CO/71/VEN, paras. 16.

93　Dominican Republic, CRC/C/15/Add.150, para. 48. Georgia, CRC/C/15/Add.124, para. 67. Guatemala, CRC/C/15/Add.154, para. 53. Lesotho, CRC/C/15/Add.147, para.58. Liechtenstein, CRC/C/15/A dd.143, para.31. Mali, CRC/C/15/Add.113, para. 36. Palau, CRC/C/15/Add.149, para. 59. United Republic of Tanzania, CRC/C/15/Add.156, para. 63.

る。委員会は，締約国に対して，売春及びトラフィッキングに関する適切な法を制定[94]し，子どもの商業的性的搾取とトラフィッキングを廃絶するための，多国間及び地域的協定を制定するよう要請している[95]。

第5項 ヘルスサービス全般

女子差別撤廃条約においてヘルスサービス全般に関連する条文は，第12（保健における差別の撤廃）である。また，特に関連する「一般的勧告」は，「女性と健康」に関する「一般的勧告24」である。委員会は，この勧告のパラグラフ8において，締約国に対し「女性の生涯を通じた健康の問題に取組むよう奨励」し，初めて「女性の生涯を通じた」健康問題への取組アプローチを採用した。

女子差別撤廃委員会は，また，「最終所見」の中で，ヘルスケアに関する政策や，ジェンダーの視点で健康問題を取り扱うことを奨励している。例えば，委員会は，継続して生涯を通じた女性の健康問題の必要性に触れている[96]。委員会は，また，締約国に対し無料でヘルスサービスにアクセスできるよう勧告している[97]。

また，同委員会は，締約国に対して，特に農村女性[98]，高齢女性[99]，少

---

[94] Armenia, CRC/C/15/Add.119, para.55. Austria, CRC/C/15/Add.98, para. 18. Bhutan, CRC/C/15/Add.157, para. 61. Bulgaria, CRC/C/15/Add.66, para. 30. Democratic Republic of the Congo, CRC/C/15/Add.153, para. 69. Egypt, CRC/C/15/Add.145, para.52. Fiji, CRC/C/15/Add.89, para. 44. Guatemala, CRC/C/15/Add.154, para. 35. Guinea, CRC/C/15/Add.100, para. 34. India, CRC/C/15/Add.115, para. 75. Lesotho, CRC/C/15/Add.147, para. 58. Liechtenstein, CRC/C/15/Add.143, para. 31. Lithuania, CRC/C/15/Add.146, para. 54. Mexico, CRC/C/15/Add.112, para.31. Palau, CRC/C/15/Add.149, para. 59. Russian Federation, CRC/C/15/Add.110, para. 64. Venezuela, CRC/C/15/Add.109, para. 33.

[95] Côte d'Ivoire, CRC/C/15/Add.155, paras. 4, 56. Myanmar, CRC/C/15/Add.69, para. 44. Venezuela, CRC/C/15/Add.109, para. 33.

[96] Austria, A/55/38, para. 237. Chile, A/54/38, para. 227. Democratic Republic of the Congo, A/55/38, para. 229. India, A/55/38, para. 79. Iraq, A/55/38, para. 204. Lithuania, A/55/38, para.158. Nepal, A/54/38, para. 148.

数民族[100]，性産業従事者[101]には特別のヘルスサービスが必要であることを強調し，彼女たちがサービスを受けられるよう勧告している。

自由権規約において，ヘルスサービス全般に関連する条文は，第6条（生命に対する権利）である。特に関連する「一般的勧告」は，「生命に対する権利」に関する「一般的勧告6」であり，そのパラグラフ6の中で，委員会は締約国に対し，「平均余命を引き上げるための可能な，あらゆる措置をとることが望ましい」としている。

同委員会は，「最終所見」の健康に対する権利の議論の中で，差別に対する懸念を表明している。とりわけ，ヘルスケアサービスにおける，社会の攻撃されやすい人々に対する差別を非難し，締約国がヘルスケアサービ

97　Kazakhstan, A/56/38, para. 106. Nigeria, A/53/38/Rev.1, para.171. Republic of Moldova, A/55/38, para. 110. Uzbekistan, A/56/38, para. 186. Vietnam, A/56/38, para. 267.

98　Azerbaijan, A/53/38, para. 67. Bangladesh, A/52/38/Rev.1, Part II, para. 438. Burundi, A/56/38, para.62. Cameroon, A/55/38, para.62. Chile, A/50/38, para.152. Colombia, A/54/38, para. 397. Dominican Republic, A/53/38, para.350. Guinea, A/56/38, paras.138-139. Iraq, A/55/38, para.206. Kazakhstan, A/56/38, paras.103-104. Mongolia, A/56/38, para.274. Nicaragua, A/56/38, para.301. Paraguay, A/51/38, para.126. Senegal, A/49/38, para. 722. Thailand, A/54/38, para. 246. Uzbekistan, A/56/38, paras. 189-190. Vietnam, A/56/38, paras.268-269.

99　Belarus, A/55/38, para. 368. Lithuania, A/55/38, para.160. Netherlands, A/56/38, para. 215. Republic of Korea, A/53/38/Rev.1, para. 384. United Kingdom of Great Britain and Northern Ireland,A/54/38, para.314.

100　Australia, A/52/38/Rev.1, Part II, paras. 385, 396. Greece, A/54/38, para. 210. Israel, A/52/38 Rev.1, Part II, para. 162. New Zealand, A/53/38/Rev.1, para. 275.

101　Armenia, A/52/38/Rev.1, Part II, para. 59. Azerbaijan, A/53/38, para. 65. Cameroon, A/55/38, para. 52. China, A/54/38, para.289. China－Hong Kong Special Administrative District, A/54/38, para.325. Cuba, A/55/38, para. 271. Democratic Republic of the Congo, A/55/38, para.219. Guinea, A/56/38, Part II, para. 137. Guyana, A/56/38, para.181. India, A/55/38, paras.76-77. Indonesia, A/53/38, paras. 300, 310. Myanmar, A/55/38, para.122. Namibia, A/52/38/Rev.1, Part II, para. 105. Netherlands, A/56/38, Part II, para. 210. Nicaragua, A/56/38, Part II, para.315. Nigeria, A/53/38/Rev.1, para.31.

スへのアクセスを保障するために，積極的な処置をとるよう勧告している[102]。

児童権利条約において，ヘルスサービス全般に関連する条文は，第6条（生命に対する権利）及び第24条（健康及び医療についての権利）である。ヘルスケアサービスに特に関連する「一般的意見」はない。

児童権利委員会は，多くの「最終所見」の中で，利用可能なヘルスサービスのために，締約国が健康のために諸資源を割り当てる政策が必要であると強調している[103]。

第6項　リプロダクティブ・ヘルス全般

女子差別撤廃条約で，特にリプロダクティブ・ヘルス全般に関連するのは，第12条（保健における差別の撤廃）及び第16条（婚姻及び家族関係における差別の撤廃）である。また，特に関連する「一般的勧告」は，「女性と健康」に関する「一般的勧告24」である。委員会は，この勧告のなかで，女性の健康に対する権利を保障することは締約国の義務であるとした上で，そのパラグラフ2において，締約国に対して「生涯を通じたヘルスケアサービスの利用，とりわけ家族計画，妊娠，出産の分野及び出産後の期間における女性に対する差別」を撤廃することを要請している。また，そのパラグラフ14の中で，締約国に対して，「女性が健康の目標を追求するにあたってとる行為を妨げることを差し控えるよう」要請している。

また，女子差別撤廃委員会は，「最終所見」の中で，リプロダクティブ・ヘルスへの女性たちのアクセスと情報[104]について，これが一般的な関心事であるとしており，リプロダクティブ・ヘルスへのアクセスの欠如は女性たちに対する差別であるとしている。さらに，委員会は，宗教の影響が，リプロダクティブ・ヘルスに対する女性の権利を危うくしていることを認識している[105]。また，リプロダクティブ・ヘルスにアクセスすることが困難なグループとして，性産業従事者[106]，若者[107]，低所得者[108]，農村女

102　Brazil, CCPR/C/79/Add.66, A/51/40, para.337. Ireland, A/55/40, para.28. Mongolia, CCPR/C/79/Add.120, para.15.

性[109]，先住民[110]，そして民族・宗教上の少数者[111]をあげている。委員会は，また，締約国に対し，利用可能かつ包括的なリプロダクティブ・ヘルスケアサービス[112]にアクセスできるよう勧告しており，その中には，家族計画[113]，安全な中絶[114]も含まれる。さらに，委員会は高い妊産婦死亡率[115]についても繰り返し意見を表明しており，これは女性の生命に対する権利の侵害[116]であるとしている。

　自由権規約において特にリプロダクティブ・ヘルス全般に関連するのは，第3条（男女の同権），第6条（生命に対する権利）及び第17条（干渉または攻撃に対する保護）である。また，特に委員会は，「生命に対する権利」に

103　Armenia,CRC/C/15/Add.119, para. 37. Azerbaijan, CRC/C/15/Add.77, para. 33. Belize, CRC/C/15/Add.99, para. 25. Benin, CRC/C/15/Add.106, paras.24-25. Bhutan, CRC/C/15/Add.157, para.43. Burundi, CRC/C/15/Add.133, para.18. Cambodia, CRC/C/15/Add.128, para.18. Central African Republic, CRC/C/15/Add.138, para.19. China, CRC/C/15/Add.56, para.31. Colombia, CRC/C/15/Add.30, para.16. Comoros, CRC/C/15/Add.141, para. 34. Côte d'Ivoire, CRC/C/15/Add.155, paras. 38-39. Djibouti, CRC/C/15/Add.131, para.42. Dominican Republic, CRC/C/15/Add.150, para. 38. Ethiopia, CRC/C/15/Add.67, para.28. Ghana, CRC/C/15/Add.73, para. 31. Georgia, CRC/C/15/Add.124, paras. 44-45. Grenada,CRC/C/15/Add.121, para. 22. Guatemala, CRC/C/15/Add.58, para. 31. Guinea, CRC/C/15/Add.100, para. 27. India, CRC/C/15/Add.115, para.49. Kyrgyzstan, CRC/C/15/Add.127, para.44. Latvia, CRC/C/15/Add.142, para.36. Lesotho,CRC/C/15/Add.147, paras. 44, 46. Lithuania, CRC/C/15/Add.146, para.36. Mali,CRC/C/15/Add.113, para. 26. Marshall Islands, CRC/C/15/Add.139, para. 45. Palau, CRC/C/15/Add.149, para.49. Russian Federation, CRC/C/15/Add.110, para.14. Saint Kitts and Nevis, CRC/C/15/A dd.104, para. 26. South Africa, CRC/C/15/Add.122, para.29. Suriname,CRC/C/15/Add.130, para.44. Syrian Arab Republic, CRC/C/15/Add.70, para. 26. Tajikistan, CRC/C/15/A dd.136, para.39. Thailand, CRC/C/15/Add.97, para. 25. Togo, CRC/C/15/Add.83, para. 34. Turkey,CRC/C/15/Add.152, para.51. United Kingdom of Great Britain and Northern Ireland–Overseas Territories, CRC/C/15/Add.134, para.29. United Republic of Tanzania,CRC/C/15/Add.156, para.47. Vanuatu, CRC/C/15/A dd.111, para. 24. Yemen, CRC/C/15/Add.102, para. 20. Zimbabwe, CRC/C/15/A dd.55, para. 28.

第2節　主要人権条約及び条約機関における実行　101

関する「一般的意見6」のパラグラフ5において,「締約国が,特に栄養失調と伝染病を除去する措置をとるにあたり,幼児死亡率を減少させ,平均余命を引き上げるための可能な,あらゆる措置をとることが望ましい」

104　Antigua and Barbuda, A/52/38/Rev.1, Part II, para. 258. Bangladesh, A/52/38/Rev.1, Part II, para. 438. Belize, A/54/38, paras. 56-57. Burkina Faso, A/55/38, para. 274. Croatia, A/53/38, para. 109. Cuba, A/51/38, para. 219. Ethiopia, A/51/38, para. 160. Georgia, A/54/38, para.111. Greece, A/54/38, paras. 207-208. Guinea, A/56/38, paras.128-129. Guyana, A/50/38, para. 621. Hungary, A/51/38, para. 254. Iraq, A/55/38, paras. 203–204. Kazakhstan, A/56/38, paras. 105-106. Lithuania, A/55/38, paras.158-159. Mongolia, A/56/38, para.267. Morocco, A/52/38/Rev.1, para.68. Nicaragua, A/56/38, paras. 300-301, 303. Nigeria, A/53/38/Rev.1, paras. 170-171. Paraguay, A/51/38, para. 123. Peru, A/53/38/Rev.1, paras. 337, 341. Republic of Moldova, A/55/38, paras. 109-110. Romania, A/55/38, paras. 314-315.　South Africa, A/53/38/Rev.1, para.134. Venezuela, A/52/38/Rev.1, para. 236. Vietnam, A/56/38, para.266. Zimbabwe, A/53/38, para.148.

105　Belize, A/54/38, para.52. Ireland, A/54/38, para.180.

106　Armenia, A/52/38/Rev.1, Part II, para.59. China, A/54/38, paras.325-326. Cuba, A/55/38, para. 271. Cuba, A/51/38, para.224. Democratic Republic of the Congo, A/55/38, para.220. Guinea, A/56/38, paras. 136-137. Guyana, A/56/38, Part II, para.181. Indonesia, A/53/38, paras. 300, 310.

107　Chile, A/54/38, para. 227. Greece, A/54/38, paras.207-208. Ireland, A/54/38, para.186. Mauritius, A/50/38, para. 211. Mexico, A/53/38, para.394. Nigeria, A/53/38/Rev.1, para.171. Paraguay, A/51/38, para.123. Peru, A/53/38/Rev.1, para. 341. Venezuela, A/52/38/Rev.1, para. 236. Zimbabwe, A/53/38, para. 148.

108　Bangladesh, A/52/38/Rev.1, Part II, para.438. Mexico,A/53/38, para.394. Peru, A/53/38/Rev.1, para.341. South Africa, A/53/38/Rev.1, para. 134.

109　Bangladesh, A/52/38/Rev.1, Part II, para.438. Colombia, A/50/38, para. 612. Democratic Republic of the Congo, A/55/38, para.227. Lithuania, A/55/38, para.159. Mexico, A/53/38, para.394. Mongolia, A/56/38, para.274. Paraguay, A/51/38, para.123. Peru, A/53/38/Rev.1, para. 341. South Africa, A/53/38/Rev.1, para. 134. Ukraine, A/51/38, para. 287.

110　Australia, A/52/38/Rev.1, Part II, para. 397. New Zealand, A/53/38, para. 279. Peru, A/53/38/Rev.1, para. 341.

111　Israel, A/52/38 Rev.1, Part II, para.162.

としている。

　規約人権委員会は，また，「男女の同権」に関する「一般的勧告28」においては，特にそのパラグラフ20の中で，締約国が「生殖機能（reproductive functions）に関連する女性のプライバシーの尊重」がなされないことがあり，これを干渉の例であるとしている。

　規約人権委員会は，「最終所見」の中で，女性たちのリプロダクティブ・ヘルスサービスへのアクセスの欠如を女性の平等権[117]及び生命権[118]の侵害と位置づけている。そしてそれはまた，危険な中絶[119]や妊産婦死亡率[120]を増加させているとしている。委員会は，締約国に対して，リプロダクティブ・ヘルスに関する情報の欠如[121]や制限的な中絶法[122]に関しても，障

112　Bangladesh, A/52/38/Rev.1, Part II, para.438. Jamaica, A /56/38, para. 224. Kazakhstan, A/56/38, para.106. Morocco, A/52/38/Rev.1, para.68. Nicaragua, A/56/38, para.301. Peru, A/53/38/Rev.1, para.340. Philippines, A/52/38/Rev.1, para.301. Republic of Moldova, A/56/38, para.110. Romania, A/55/38, para.315. Saint Vincent and the Grenadines, A/52/38/Rev.1, para. 147. Uzbekistan, A/56/38, para. 186. Zimbabwe, A/53/38, paras. 160-161.

113　Azerbaijan, A/53/38, para.73. Belarus, A/55/38, para.374. Burundi, A/56/38, para.62. Cameroon, A/55/38, para. 60. Chile, A/54/38, para. 229. Colombia, A/50/38, para. 612. Cuba, A/51/38, para. 224. Georgia, A/54/38, para. 112. Greece, A/54/38, para.208. Guinea, A/56/38, para.129. Ireland, A/54/38, para. 186. Kazakhstan, A/56/38, para.106. Kyrgyzstan, A/54/38, para.137. Mongolia, A/56/38, para.274. Myanmar, A/55/38, para.130. Nepal, A/54/38, para.148. Nicaragua, A/56/38, para.303. Nigeria, A/53/38/Rev.1, para.171. Paraguay, A/51/38, para.123. Peru, A/53/38/Rev.1, para.342. Philippines, A/52/38/Rev.1, para.301. Republic of Moldova, A/56/38, para.110. Romania, A/55/38, para.315. Saint Vincent and the Grenadines, A/52/38/Rev.1, para.147. Slovakia, A/53/38/Rev.1, para. 92. Slovenia, A/52/38/Rev.1, para. 119. South Africa, A/53/38/Rev.1, para. 134. Uzbekistan, A/56/38, para.186. Venezuela, A/52/38/Rev.1, para. 236. Vietnam, A/56/38, para. 267.

114　Chile, A/54/38, para. 229. Croatia, A/53/38, para. 117. Italy, A/52/38 Rev.1, Part II, para.360. Jordan, A/55/38, para.181. Mexico, A/53/38, para.426. Morocco, A/52/38/Rev.1, para.68. Nepal, A/54/38, para.148. Peru,A/53/38/Rev.1, para.340. Saint Vincent and the Grenadines, A/52/38/Rev.1, para.148.

壁を取り除くことを求めている。特に，若者[123]，低所得者[124]，農村女性[125]，そして民族・宗教上の少数者[126]である女性に対しては，リプロダクティブ・ヘルスサービス及び教育にアクセス[127]できるよう勧告している。

また，同委員会は高い妊産婦死亡率[128]についても繰り返し意見を表明しており，これは女性の生命に対する権利の侵害であるとしている。

---

115 Antigua and Barbuda, A/52/38/Rev.1, Part II, para.260. Argentina, A/52/38 Rev.1, Part II, para.304. Australia, A/52/38/Rev.1, Part II, para.397. Azerbaijan, A/53/38, para.63. Bangladesh, A/52/38/Rev.1, Part II, para.438. Burkina Faso, A/55/38, para.274. Burundi, A/56/38, para. 61. Cameroon, A/55/38, para.59. Colombia, A/50/38, para.612. Democratic Republic of the Congo, A/55/38, para.227. Dominican Republic, A/53/38, para.337. Georgia, A/54/38, para. 111. Guinea, A/56/38, para.128. India, A/55/38, para.78. Iraq, A/55/38, para.203. Israel, A/52/38 Rev.1, Part II, para.162. Kyrgyzstan, A/54/38, para. 136. Madagascar, A/49/38, para.244. Maldives, A/56/38, para.142. Mongolia, A/56/38, para. 273. Morocco, A/52/38/Rev.1, para.68. Myanmar, A/55/38, para. 129. Namibia, A/52/38/Rev.1, Part II, para. 111. Nicaragua, A/56/38, para. 300. Nigeria, A/53/38/Rev.1, para.170. Paraguay A/51/38, para.123. Peru, A/53/38/Rev.1, para. 337. Russian Federation, A/50/38, para.545. United Republic of Tanzania, A/53/38/Rev.1, para. 237. Venezuela, A/52/38/Rev.1, para. 236.

116 Belize, A/54/38, para.56. Colombia, A/54/38, para.393. Dominican Republic, A/53/38, para.337. Madagascar, A/49/38, para. 244.

117 Ecuador, CCPR/C/79/Add.92, para.11. Georgia, CCPR/C/79/Add.75, para. 12. Mongolia, CCPR/C/79/Add.120, para.8(b). Peru, CCPR/CO/70/PER, para. 20. Poland, CCPR/C/79/Add.110, para. 11. Trinidad and Tobago, CCPR/CO/70/TTO, para. 18.

118 Chile, CCPR/C/79/Add.104, para.15. Ecuador, CCPR/C/79/Add.92, para. 11. Guatemala, CCPR/CO/72/GTM, para.19. Kuwait, CCPR/CO/69/KWT . para.16. Peru, CCPR/CO/70/PER, para.20. Poland, CCPR/C/79/Add.110, para.11. Trinidad and Tobago, CCPR/CO/70/TTO, para.18.

119 Argentina, CCPR/CO/70/ARG, para.14. Bolivia, CCPR/C/79/Add.74, para. 22. Colombia, CCPR/C/79/Add.76, para.24. Costa Rica, CCPR/C/79/Add.107, para.11. Guatemala, CCPR/CO/72/GTM, para. 19. Mongolia, CCPR/C/79/Add. 120, para.8(b). Peru, CCPR/CO /70/PER, para. 20. Sudan, CCPR/C/79/Add.85, para.10. United Republic of Tanzania, CCPR/C/79/Add.97, para.15. Zambia, CCPR/C/79/Add.62, para.9.

児童の権利条約において特にリプロダクティブ・ヘルス全般に関連するのは，第2条（差別の禁止），第6条（生命に対する権利）及び第24条（健康及び医療についての権利）である。委員会は，リプロダクティブ・ヘルスサービスに関する「一般的意見」は採択していない。

児童権利委員会は「最終所見」の中で，締約国に対して，特に思春期の若者にリプロダクティブ・ヘルス情報へのアクセスを向上[129]させ，また，リプロダクティブ・ヘルスに関する問題を理解させるように勧告している[130]。また，10代の妊娠に関連[131]して，リプロダクティブ・ヘルスサービスへのアクセスの欠如[132]から生ずる，安全でない又は非合法的な中絶[133]が高い妊産婦死亡率[134]をもたらしていることにもしばしば触れている。

120　Argentina, CCPR/CO/70/ARG, para.14. Bolivia, CCPR/C/79/Add.74, para. 22. Chile, CCPR/C/79/Add.104, para.15. Colombia, CCPR/C/79/Add.76, para. 24. Guatemala, CCPR/CO/72/GTM, para.19. Mongolia, CCPR/C/79/Add.120, para.8(b). Peru, CCPR/CO/70/PER, para. 20. Senegal, CCPR/C/79/Add 82, para. 12. Sudan, CCPR/C/79/Add.85, para.10. United Republic of Tanzania, CCPR/C/79/Add.97, para.15. Zambia, CCPR/C/79/Add.62, para. 9.

121　Guatemala, CCPR/CO/72/GTM, para.19. Mongolia, CCPR/C/79/Add.120, para. 8(b). Poland, CCPR/C/79/Add.110, para. 11.

122　Argentina, CCPR/CO/70/ARG, para.14. Ecuador, CCPR/C/79/Add.92, para.11. Guatemala, CCPR/CO/72/GTM, para.19. Peru, CCPR/CO/70/PER, para.20. Poland, CCPR/C/79/Add.110, para. 11. Senegal, CCPR/C/79/Add 82, para.12. Trinidad and Tobago, CCPR/CO/70/TTO, para.18. United Republic of Tanzania, CCPR/C/79/Add.97, para.15.

123　Ecuador, CCPR/C/79/Add.92, para. 11.

124　Argentina, CCPR/CO/70/ARG, para. 14.

125　Argentina, CCPR/CO/70/ARG, para. 14.

126　Ireland, A/55/40, paras. 27-28.

127　Ecuador, CCPR/C/79/Add.92, para.11. Ireland, A/55/40, paras. 27-28.

128　Bolivia, CCPR/C/79/Add.74, para.22. Guatemala, CCPR/CO/72/GTM, para.19. Libyan Arab Jamahiriya, CCPR/C/79/Add.101, para. 9. Mongolia, CCPR/C/79/Add.120, para. 8(b). Paraguay, A/51/38, para.123. Senegal, CCPR/C/79/Add 82, para.12. Sudan, CRC/C/15/Add.10, para.10. Zambia, CCPR/C/79/Add.62, para. 9.

第2節　主要人権条約及び条約機関における実行　105

第7項　避妊及び家族計画

女子差別撤廃条約において特に避妊及び家族計画に関連するのは，第10条（教育における差別の撤廃），第12条（保健における差別の撤廃）及び第16条（婚姻及び家族関係における差別の撤廃）である。また，特に関連する

129　Argentina, CRC/C/15/Add.35, para.19. Georgia, CRC/C/15/Add.124, para.47. Honduras, CRC/C/15/Add.105, para.27. Iran (Islamic Republic of), CRC/C/15/Add.123, para.44. Kyrgyzstan, CRC/C/15/Add.127, para. 46. Maldives, CRC/C/15/Add.91, para.19. Romania, CRC/C/15/Add.16, para.15. Saint Kitts and Nevis, CRC/C/15/Add.104, para.26. Slovakia, CRC/C/15/Add.140, para.38. Tajikistan, CRC/C/15/Add.136, para. 41. United Kingdom of Great Britain and Northern Ireland – Overseas Territories, CRC/C/15/Add.135, para. 38. Venezuela, CRC/C/15/Add.109, para. 27.

130　Armenia, CRC/C/15/Add.119, para.39. Chad, CRC/C/15/Add.107, para. 30. Comoros, CRC/C/15/Add.141, para. 36. Grenada, CRC/C/15/Add.121, para. 22. Guinea, CRC/C/15/Add.100, para.27. Nicaragua, CRC/C/15/Add.108, para. 35. Venezuela, CRC/C/15/Add.109, para. 27.

131　Chad, CRC/C/15/Add.107, para.30. Colombia, CRC/C/15/Add.137, para. 48. Dominican Republic, 21/02/2001, . CRC/C/15/Add.150, para. 37. Grenada, CRC/C/15/Add.121, para. 22. Guinea, CRC/C/15/Add.100, para.27. Mexico, CRC/C/15/Add.112, para. 27. Nicaragua, CRC/C/15/Add.36, para. 19. Peru, CRC/C/15/Add.120, para. 24. Venezuela, CRC/C/15/Add.109, para. 27.

132　Bangladesh, CRC/C/15/Add.74, para. 20. Burundi, CRC/C/15/Add.133, para.54. Cambodia, CRC/C/15/Add.128, para.52. Central African Republic, CRC/C/15/Add.138, para.54. Chad, CRC/C/15/A dd.107, para. 30. Colombia, CRC/C/15/Add.137, para.48. Democratic Republic of the Congo, CRC/C/15/Add.153, para. 48. Ecuador, CRC/C/15/Add.93, para.22. Guatemala, CRC/C/15/Add.58, para. 22. Guinea, CRC/C/15/Add.100, para.27. India, CRC/C/15/Add.115, para.48. Lao People's Democratic Republic, CRC/C/15/Add.78, para.23. Maldives, CRC/C/15/Add.91, para. 19. Nicaragua, CRC/C/15/Add.108, para. 35. Peru, CRC/C/15/Add.120, para.24. South Africa, CRC/C/15/Add.122, para.29. Yemen,CRC/C/15/Add.102, para. 24.

133　Chad, CRC/C/15/Add.107, para.30. Colombia, CRC/C/15/Add.137, para. 48. Guatemala, CRC/C/15/Add.154, para. 40. Nicaragua, CRC/C/15/Add.108, para.35. Nicaragua, CRC/C/15/Add.36, para. 19.

「一般的勧告」は,「女性と健康」に関する「一般的勧告24」である。とりわけ,同勧告パラグラフ31(c)において,女子差別撤廃委員会は,締約国に対して,「家族計画及び性教育による望まない妊娠の予防を優先課題」とするよう勧告している。

また,同委員会は,「最終所見」の中において,女性の避妊及び家族計画に関する情報やサービスへのアクセスの欠如が女性に対する差別であると頻繁に指摘している[135]。

自由権規約において特に避妊及び家族計画に関連するのは,第3条(男女同等の権利),第6条(生命に対する権利)及び第17条(干渉又は攻撃に対する保護)である。また,特に関連する「一般的意見」は,「生命に対する権利」に関する「一般的意見6」,及び「男女の同権」に関する「一般的意見28」である。

また,規約人権委員会は,「最終所見」の中で,若干のケースにおいて避妊について取り扱っており,それは,避妊が高コストであること[136]を含め,女性たちが避妊にアクセスすることに対する障害があり,それらは

---

134 Azerbaijan, CRC/C/15/Add.77, para. 24. Bangladesh, CRC/C/15/Add.74, para.20. Benin, CRC/C/15/Add.106, para. 24. Burundi, CRC/C/15/Add.133, para. 54. Cambodia, CRC/C/15/Add.128, para.52. Central African Republic, CRC/C/15/Add.138, para. 54. Colombia, CRC/C/15/A dd.13, para. 48. Comoros, CRC/C/15/A dd.141, para. 33. Democratic Republic of the Congo, CRC/C/15/Add.153, para. 48. Djibouti, CRC/C/15/Add.131, para. 41. Dominican Republic, CRC/C/15/Add.150, para. 37. Ecuador, CRC/C/15/Add.93, para.22. Fiji, CRC/C/15/Add. 89, para.19. Georgia, CRC/C/15/Add.124, para. 44. Guatemala, CRC/C/15/Add. 154, para. 40. Guatemala, CRC/C/15/Add.58, para.22. Guinea, CRC/C/15/Add. 100, para.27. India, CRC/C/15/A dd.115, para.48. Lao People's Democratic Republic, CRC/C/15/Add.78, para. 23. Lesotho, CRC/C/15/A dd.147, para. 43. Maldives, CRC/C/15/Add.91, para.19. Mali, CRC/C/15/A dd.113, para. 26. Nicaragua, CRC/C/15/Add.108, para.35. Peru, CRC/C/15/Add.120, para.24. Sierra Leone, CRC/C/15/Add.116, para. 54. South Africa, CRC/C/15/Add.122, para.29. Suriname, CRC/C/15/Add.130, para.43. Trinidad and Tobago, CRC/C/15/Add.82, para. 19. Turkey, CRC/C/15/Add.152, para. 51. Yemen, CRC/C/15/A dd.102, para. 24.

規約第 3 条に違反するとしている[137]。

児童権利条約において特に避妊及び家族計画に関連するのは，第 2 条（差別の禁止），第13条（表現及び情報の自由）及び第24条（健康及び医療についての権利）である。委員会は，避妊に関する「一般的意見」を採択していない。

児童権利委員会は，「最終所見」の中で繰り返し妊産婦死亡率と10代の妊娠[138]の高い発生率には関連性があるとする意見を表明している。この文脈で，委員会は，思春期の若者が家族計画に関する教育と情報にアクセスできないことについてコメント[139]している。また，委員会は，しばしば家族計画サービス[140]及び避妊[141]へのアクセスの欠如について憂慮を表明している。

第 8 項　性教育

女子差別撤廃条約において性教育に関連するのは，第10条(h)（家族計画に関する教育）及び第16条（婚姻及び家族関係における差別の撤廃）である。また，特に関連する「一般的勧告」は，「女性と健康」に関する「一般的意見24」である。この勧告のパラグラフ23において，女子差別撤廃委員会

---

[135] Antigua and Barbuda, A/52/38/Rev.1, Part II, para. 258. Bangladesh, A/52/38/Rev.1, Part II, para. 438. Belize, A/54/38, para. 56. Burkina Faso, A/55/38, para. 274. Colombia, A/54/38, para.395. Czech Republic, A/53/38, para. 197. Democratic Republic of the Congo, A/55/38, para. 227. Greece, A/54/38, para.207. Guinea, A/56/38, para. 128. Guyana, A/50/38, para. 621. Hungary, A/51/38, para. 254. Ireland, A/54/38, para.186. Lithuania, A/55/38, para.158. Mexico, A/53/38, para.394. Mongolia, A/56/38, para. 273. Morocco, A/52/38/Rev.1, para. 68. Nicaragua, A/56/38, para. 303. Paraguay, A/51/38, para. 123. Peru, A/53/38/Re v.1, para. 341. Uzbekistan, A/56/38, para. 186. Venezuela, A/52/38/Rev.1, para. 236. Vietnam, A/56/38, paras. 266-267. Zimbabwe, A/53/38, para. 148.

[136] Poland, CCPR/C/79/Add.110, para. 11(b).

[137] Argentina, CCPR/CO/70/ARG, para.14. Georgia, CCPR/C/79/Add.75, para. 12. Poland, CCPR/C/79/Add.110, para. 11.

は，締約国に対して「家族計画のすべての方法に関する情報及び相談を含む思春期の若者の健康教育に特別な注意が払われるべき」であると述べている。

同委員会は，また，締約国に対する「最終所見」において，性教育及び

---

138 Argentina, CRC/C/15/Add.35, para. 19. Armenia, CRC/C/15/Add.119, para. 38. Azerbaijan, CRC/C/15/Add.77, para. 24. Barbados, CRC/C/15/Add.103, para. 25. Belize, CRC/C/15/Add.99, para. 25. Bolivia, CRC/C/15/Add.95, para. 24. Burundi, CRC/C/15/Add.133, para.58. Central African Republic, CRC/C/15/Add. 138, para. 61. Chad, CRC/C/15/Add.107, para. 30. Colombia, CRC/C/15/Add.137, para. 48. Colombia, CRC/C/15/Add.30, para. 22. Comoros, CRC/C/15/Add.141, para. 36. Cuba, CRC/C/15/Add.72,para.37. Czech Republic, CRC/C/15/Add.81, para. 34. Democratic Republic of t he Congo, CRC/C/15/Add.153, para. 54. Dominican Republic, CRC/C/15/Add.150, para. 37. Ecuador, CRC/C/15/Add.93, para. 23. Fiji, CRC/C/15/Add.89, para.20. Georgia, CRC/C/15/Add.124, para.46. Grenada, 04/02/2000,. CRC/C/15/Add.121, para. 22. Guatemala, 08/06/2001,. CRC/C/15/Add.154, para. 44. Guinea, CRC/C/15/Add.100, para. 27. Honduras, CRC/C/15/Add.105, para. 28. Hungary, CRC/C/15/Add.87, para. 36. Iraq, CRC/C/15/Add.94, para. 23. Korea, CRC/C/15/Add.88, para. 32. Kuwait, CRC/C/15/Add.96, para. 27. Kyrgyzstan, CRC/C/15/Add.127, para. 45. Lesotho, CRC/C/15/Add.147, para. 45. Libyan Arab Jamahiriya, CRC/C/15/Add.84, para. 16. Lithuania, CRC/C/15/Add.146, para. 39. Mali, CRC/C/15/Add.113, para. 27. Malta, CRC/C/15/Add.129, para. 39. Marshall Islands, CRC/C/15/Add.139, para. 50. Mexico, CRC/C/15/Add.112, para. 27. Nicaragua,CRC/C/15/Add.108, para. 35. Palau,. CRC/C/15/Add.149, para.48. Paraguay, CRC/C/15/Add.27, para.45. Peru, CRC/C/15/Add.120, para.24. Russian Federation, CRC/C/15/Add.110, para.48. Saint Kitts and Nevis, CRC/C/15/Add.104, para. 26. South Africa, CRC/C/15/Add.122, para. 31. Suriname, CRC/C/15/Add.130, para. 45. Thailand, CRC/C/15/Add.97, para. 25. The Former Yugoslav Republic of Macedonia, CRC/C/15/Add.118, para. 40. Trinidad and Tobago, CRC/C/15/Add.82, para. 19. Turkey, CRC/C/15/Add.152, para.53. United Kingdom of Great Britain and Northern Ireland, CRC/C/15/Add.63, para. 30. United Kingdom of Great Britain and Northern Ireland–Overseas Territories, CRC/C/15/Add.135, para.37. United Republic of Tanzania, CRC/C/15/Add.156, para. 48. Vanuatu, CRC/C/15/Add. 111, para. 20. Venezuela, CRC/C/15/Add.109, para. 27. Yemen, CRC/C/15/Add. 102, para. 25.

リプロダクティブ・ヘルス教育の重要性を繰り返し述べている[142]。特に，HIV/AIDSを含む性感染症[143]，望まない妊娠[144]，10代の高い妊娠率[145]，中絶[146]の予防に関して，その必要性を勧告している。

自由権規約において性教育に関連するのは第3条（男女の同権）及び第26条（法律の前の平等）である。特に関連する「一般的意見」は，「男女の同権」に関する「一般的勧告28」である。同勧告のパラグラフ31において，委員会は，締約国に対して「自国の立法と慣行を再検討し，例えば，雇用，教育」において，「私人による差別を禁止するといった，すべての分野における女性への差別を撤廃するために必要なすべての措置の実施を先導」

---

139 Bhutan, CRC/C/15/Add.157, paras. 44-45. Cambodia, CRC/C/15/Add.128, para. 52. Central African Republic, CRC/C/15/Add.138, para. 60. Chad, CRC/C/15/Add.107, para.30. Colombia, CRC/C/15/Add.137, para.48. Colombia, CRC/C/15/Add.30, para. 22. Djibouti, CRC/C/15/Add.131, para. 45. Dominican Republic, CRC/C/15/Add.150, para. 37. Ecuador, CRC/C/15/Add.93, para. 23. Fiji, CRC/C/15/Add.89, para. 20. Georgia, CRC/C/15/Add.124, para. 46. Ghana, CRC/C/15/Add.73, para. 41. Guatemala, CRC/C/15/Add.154, para. 44. Guinea, CRC/C/15/Add.100, para. 27. Honduras, CRC/C/15/Add.105, para. 28. Iraq, CRC/C/15/Add.94, para.23. 日本，CRC/C/15/Add.90, para.21. Latvia, CRC/C/15/Add.142, para. 39. Lesotho, CRC/C/15/Add.147, para. 45. Lithuania, CRC/C/15/Add.146, para. 39. Malta, CRC/C/15/Add.129, para. 39. Marshall Islands, CRC/C/15/Add.139, para. 50. Nicaragua, CRC/C/15/Add.108, para. 35. Palau, CRC/C/15/Add.149, para. 48. Paraguay, CRC/C/15/Add.27, para. 23. Peru, CRC/C/15/Add.120, para. 24. Saint Kitts and Nevis, CRC/C/15/Add.104, para. 26. Saudi Arabia, CRC/C/15/Add.148, para.37. Turkey, CRC/C/15/Add.152, para.53. Venezuela, CRC/C/15/Add.109, para.20.

140 Cambodia, CRC/C/15/Add.128, para.52. Central African Republic, CRC/C/15/Add.138, para.60. Chad, CRC/C/15/Add.107, para.30. Democratic Republic of the Congo,CRC/C/15/Add.153, para.54. Dominican Republic, 21/02/2001,. CRC/C/15/Add.150, para. 37. Georgia, 01/04/97, . CCPR/C/79/Add.75, para. 49. Ghana, CRC/C/15/Add.73, para.41. Marshall Islands, CRC/C/15/Add.139, para.50. Palau, CRC/C/15/Add.149, para.48. Paraguay, CRC/C/15/Add.27, para.23. Saint Kitts and Nevis, CRC/C/15/Add.104, para.26.

141 Kyrgyzstan, CRC/C/15/Add.127, para.45.

しなければならないとしている。

　規約人権委員会の「最終所見」において性教育に関して勧告しているのは，ポーランド対するそれ[147]においてのみである。委員会は，ポーランドに対して，学校のカリキュラムから性教育が撤廃されることについて憂慮の念を表明し，締約国に対して公立学校で性教育を再導入するように求めた。

　児童の権利条約において性教育に関連するのは，第13条（表現及び情報の自由）及び第18条（親の養育責任）である。また，特に関連する「一般

142　Antigua and Barbuda, A/52/38/Rev.1, Part II, paras. 258, 267. Belize, 01/07/99, . A/54/38, paras.56-57. Burundi, A/56/38, para.62. Chile, A/54/38, para.227. Colombia, A/50/38, para.608. Democratic Republic of the Congo, A/55/38, para.228. Dominican Republic, A/53/38, para.349. Greece, A/55/38, paras.207-208. Hungary, A/51/38, para.260. Jamaica, A/56/38, para.224. Kazakhstan, A/56/38, para.106. Lithuania, A/55/38, para.159. Mongolia A/56/38, para.274. Nepal, A/54/38, para.148. Nicaragua, A/56/38, para.303. Peru, A/53/38, para.342. Republic of Moldova, A/55/38, para.110. Romania, A/55/38, para.315. Saint Vincent and the Grenadines, A/52/38/Rev.1, para.147. Slovakia, A/53/38/Rev.1, para. 92. Slovenia, A/52/38/Rev.1, para.119. Spain, A/54/38, para.266. Uganda, A/50/38, para.338. United Kingdom of Great Britain and Northern Ireland, A/54/38, paras.309-310. Uzbekistan, A/56/38, paras.185-186. Vietnam, A/56/38, paras.266-267. Zimbabwe, A/53/38, paras.160-161.

143　Dominican Republic, A/53/38, para.349. Uganda, A/50/38, para. 338.

144　Belize, A/54/38, para.56. Nepal, A/54/38, para.148.

145　Belize, A/54/38, paras.56-57. Chile, A/54/38, paras.226-227. Greece, A/55/38, paras.207-208. Saint Vincent and the Grenadines, A/52/38/Rev.1, para.147. United Kingdom of Great Britain and Northern Ireland, A/54/38, paras.309-310.

146　Belize, A/54/38, paras.56-57. Burundi, A/56/38, para.62. Greece, A/55/38, paras. 207-208. Slovakia, A/53/38/Rev.1, para.92. Slovenia, A/52/38/Rev.1, para.119. Spain, A/54/38, para.266. Namibia, A/52/38/Rev.1, Part II, para.111. Nepal, A/54/38, para.147. Nicaragua, A/56/38, paras.300-301. Paraguay, A/51/38, paras.108, 131. Peru, A/53/38, paras.300, 339. Peru, A/50/38, para.443. Romania, A/55/38, para.314. Venezuela, A/52/38/Rev.1, para.236. Zimbabwe, A/53/38, para.159.

147　Poland, CCPR/C/79/Add.110, para.11.

的意見」は「教育の目的」に関する「一般的意見1」である。同勧告パラグラフ9において、委員会は、「健康なライフスタイル、良い社会的な関係及び責任、批判的な思考、創造的な才能」等の広範囲な理解にわたる生活技能の習得のため、教育の必要性を強調している。

児童権利委員会は、「最終見解」の中で、しばしば性教育へのアクセスの必要を論じており、締約国に対し、若い人々（youth）に家族計画とリプロダクティブ・ヘルスに関する教育とサービスを提供する措置を採用するよう要請している[148]。

第9項　中　　絶

女子差別撤廃条約において中絶に関連する規定は、第12条（保健における差別の撤廃）及び第16条（婚姻及び家族関係における差別の撤廃）である。また、特に関連する「一般的勧告」は、「女性と健康」に関する「一般的意見24」である。委員会は、とりわけそのパラグラフ14において、締約国に対して、「女性のみに必要とされる医療手続を犯罪化し、これらの手続を受ける女性を処罰する法律」が、女性が適当な保健サービスを享受することを妨げる障壁となっているとしている。

女子差別撤廃委員会は、締約国に対して、多くの「最終所見」において安全ではない中絶について取り上げており[149]、それは女性の生命に対す

---

[148] Argentina, CRC/C/15/Add.35, para.19. Belarus, CRC/C/15/Add.17, para.14. Bhutan, CRC/C/15/Add.157, para.45. Cambodia, CRC/C/15/Add.128, para.53. Comoros, CRC/C/15/Add.141, para.36. Egypt, CRC/C/15/Add.145, para.44. Fiji, CRC/C/15/Add.89, para.20. Georgia, CRC/C/15/Add.124, para.47. Honduras, CRC/C/15/Add.105, para.27. Iran (Islamic Republic of), CRC/C/15/Add.123, para.44. Jordan, CRC/C/15/Add.125, para.48. Kyrgyzstan, CRC/C/15/Add.127, para.46. Latvia, CRC/C/15/Add.142, para.40. Lithuania, CRC/C/15/Add.146, para.40. Maldives, CRC/C/15/Add.91, para.19. Romania, CRC/C/15/Add.16, para.15. Saint Kitts and Nevis, CRC/C/15/Add.104, para.41. Saudi Arabia, CRC/C/15/Add.148, para.38. Slovakia, CRC/C/15/Add.140, para. 38. Tajikistan, CRC/C/15/Add.136, para.41. Venezuela, CRC/C/15/Add.109, para.27.

る権利の侵害であるとしている[150]。特に、レイプされた女性[151]が、安全な中絶[152]にアクセスできるよう締約国に求めている。また、委員会は、制限的な中絶に関する法[153]が、女性の生命及び健康に対する権利を侵害している[154]として、それらの法を非難している。

　自由権規約において中絶と関連するのは、第6条（生命に対する権利）及び第9条（身体の自由）である。また、特に関連する「一般的意見」は、「生命に対する権利」に関する「一般的意見6」である。

149　Argentina, A/52/38 Rev.1, Part II, para.304. Azerbaijan, A/53/38, para.73. Belize, A/54/38, para.56. Bolivia, A/50/38, paras.82-83. Burundi, A/56/38, para.61. Chile, A/50/38, para.152. Chile, A/54/38, paras.209, 228. Colombia, A/54/38, para.393. Dominican Republic, A/53/38, para.337. Georgia, A/54/38, para.111. Kyrgyzstan, A/54/38, para.136. Madagascar, A/49/38, para.244. Mongolia, A/56/38, para.273. Morocco, A/52/38/Rev.1, para.68. Myanmar, A/55/38, para.129.

150　Belize, A/54/38, para.56. Colombia, A/54/38, para.393. Dominican Republic, A/53/38, para.337.

151　Jordan, A/55/38, para.180. Myanmar, A/55/38, paras.129-130. Panama, A/55/38/Rev.1, para.201. Venezuela, A/52/38/Rev.1, para.236.

152　Antigua and Barbuda, A/52/38/Rev.1, Part II, para.258. Chile, A/54/38, paras.209, 228. Georgia, A/54/38, para.111. Greece, A/54/38, para.207. Guyana, A/50/38, para.621. Hungary, A/51/38, para.254. Lithuania, A/55/38, para.158. Mauritius, A/50/38, para.196. Mongolia, A/56/38, para.273. Paraguay, A/51/38, para.131. Ukraine, A/51/38, para.287. Venezuela, A/52/38/Rev.1, para.236.

153　Andorra, A/56/38, para.48. Antigua and Barbuda, A/52/38/Rev.1, Part II, para.258. Belize, A/54/38, para.56. Bolivia, A/50/38, para.82. Chile, A/54/38, para.228. Chile, A/50/38, para.139. Colombia, A/54/38, para.393. Cyprus, A/51/38, para.55. Dominican Republic, A/53/38, para.337. Ireland, A/54/38, para.185. Jordan, A/55/38, para.180. Liechtenstein, A/54/38, para.169. Luxembourg, A/52/38/Rev.1, Part II, para.210. Mauritius, A/50/38, para.196. Namibia, A/52/38/Rev.1, Part II, para.111. Nepal, A/54/38, paras.139, 147. Panama, A/55/38/Rev.1, para.201. Paraguay, A/51/38, para.131. Peru, A/53/38/Rev.1, para 339. Saint Vincent and the Grenadines, A/52/38/Rev.1, para.140. United Kingdom of Great Britain and Northern Ireland, A/55/38, para.309. Venezuela, A/52/38/Rev.1, para.236. Zimbabwe, A/53/38, para. 159.

規約人権委員会は，非合法的かつ危険な中絶は，規約第6条違反であるとしている[155]。また，委員会は，妊娠中絶の禁止が女性の生命に対する権利を侵害するおそれがあるとする。特にペルーに対する「最終所見」において，委員会は，ペルーの制限的妊娠中絶法が規約第3条，第8条及び第7条とはまったく両立しないとしている[156]。

児童の権利条約において特に中絶に関連するのは，第6条（生命に対する権利）及び第24条（健康及び医療についての権利）である。委員会は，中絶に関する「一般的意見」を採択してはいない。

児童権利委員会は，「最終見解」の中でしばしば，非合法で安全ではない中絶と高い妊産婦死亡率の間には重要な関連がある[157]としており，中絶に関する制限的な法が高い妊産婦死亡率を引き起こしていると表明している[158]。また，委員会は一般的な関心事として，高い中絶率[159]を減らすために締約国に対し教育に関する政策を強化すること[160]，中絶が人口調

---

154 Belize, A/54/38, para.56. Chile, A/54/38, para.228. Colombia, A/54/38, para.393. Dominican Republic, A/53/38, para.337. Paraguay, A/51/38, para. 131.
155 Bolivia, CCPR/C/79/Add.74, para.22. Chile, CCPR/C/79/Add.104, para.15. Colombia, CCPR/C/79/Add.76, para.24. Costa Rica, CCPR/C/79/Add.107, para.11. Guatemala, CCPR/CO/72/GTM, para.19. Mongolia, CCPR/C/79/Add.120, para. 8(b). Paraguay, CCPR/C/79/Add.48. A /50/40, paras.208, 219. Peru, CCPR/CO/70/PER, para.20. Peru, CCPR/C/79/Add.72, para.15. Poland, CCPR/C/79/Add.110, para.11. Senegal, CCPR/C/79/Add 82, para.12. Sudan, CCPR/C/79/Add.85, para.10. United Republic of Tanzania, CCPR/C/79/Add.97, para.15. Zambia, CCPR/C/79/Add.62, para. 9.
156 Peru, CCPR/C/79/Add.72.
157 Chad, CRC/C/15/Add.107, para.30. Colombia, CRC/C/15/Add.137, para.48. Guatemala, CRC/C/15/Add.154, para.40. Nicaragua, CRC/C/15/Add.108, para.35. Nicaragua, CRC/C/15/Add.36, para.19.
158 Chad, CRC/C/15/Add.107, para.30. Guatemala, CRC/C/15/Add.154, para.40.
159 Armenia, CRC/C/15/Add.119, para.38. Barbados, CRC/C/15/Add.103, para.25. Kyrgyzstan, CRC/C/15/Add.127, para.45. Lithuania, CRC/C/15/Add. 146, para.39. Marshall Islands, CRC/C/15/Add.139, para.50. The Former Yugoslav Republic of Macedonia, CRC/C/15/Add.118, para.40. Ukraine, CRC/C/15/Add.42, para.26.

節の方法として使用されていること[161]について，特に家族計画サービスの重要性[162]を勧告している。

第10項　HIV/AIDS を含む性感染症（STIs）

　女子差別撤廃条約において HIV/AIDS を含む性感染症に関連するのは，第12条（保健における差別の撤廃）である。特に関連する「一般的勧告」は，「エイズの予防と抑制のための国内戦略における女性差別の回避」と題する「一般的勧告15」である。委員会は，この勧告のなかで，締約国に対して，「特に女性が HIV 感染を受けやすい従属的地位におかれていること」に関心を払うべきであるとしている。

　女子差別撤廃委員会は，一般的な関心事として HIV/AIDS 及び他の性感染症の拡大について憂慮しており[163]，締約国に対して HIV/AIDS の問題について人権に基づくアプローチを採用することを求めている[164]。

　自由権規約において HIV/AIDS を含む性感染症に関連するのは，第6

160　Kyrgyzstan, CRC/C/15/Add.127, para.44. Romania, CRC/C/15/Add.16, para.15. Russian Federation, CRC/C/15/Add.110, para.48. Slovakia, CRC/C/15/Add.140, para. 38.

161　Armenia, CRC/C/15/Add.119, para.36. Cuba, CRC/C/15/Add.72, para.37. Kyrgyzstan, CRC/C/15/Add.127, para. 44. Latvia, CRC/C/15/Add.142, para.39. Russian Federation, CRC/C/15/Add.110, para.46. Slovakia, CRC/C/15/Add.140, para.38. Tajikistan, CRC/C/15/Add.136, para.41.

162　Kyrgyzstan, CRC/C/15/Add.127, para.44. Romania, CRC/C/15/Add.16, para.15. Russian Federation, CRC/C/15/Add.110, para.48. Slovakia, CRC/C/15/Add.140, para. 38.

163　Antigua and Barbuda, A/52/38/Rev.1, Part II, para.261. Belize, A/54/38, paras.39, 58. Burundi, A/56/38, para.59. Guinea, A/56/38, para.130, 136-137. Guyana, A/56/38, paras.151, 178. Myanmar, A/55/38, paras.95, 121. Namibia, A/52/38/Rev.1, Part II, para.79. Romania, A/55/38, para.314. United Kingdom of Great Britain and Northern Ireland, A/54/38, para.309. Vietnam, A/56/38, para.266.

164　Egypt, A/56/38, paras.336-337.

条(生命に対する権利)であり,特にHIV/AIDS及び性感染症に直接関連する「一般的意見」はこれまでのところない。また,規約人権委員会による「最終所見」も,これまでのところ特にはない。

児童の権利条約においてHIV/AIDSを含む性感染症に関連するのは,第24条(健康に対する権利)である。特に関連する「一般的意見」は,「HIV/AIDSと子どもの権利」と題する「一般的意見3」である。委員会は,同勧告において,HIV/AIDSが子どもに及ぼす影響,ケア,予防等に関して締約国に包括的かつ詳細に勧告している。

児童権利委員会は,非常に多くの「最終見解」の中で,HIV/AIDS及びその他の性感染症(STIs)に関して扱っており,HIV/AIDSの発生を防止するために,情報の収集及び分析,啓発キャンペーンの実施,リプロダクティブ・ヘルスに関する教育及びカウンセリング・サービスの確立を含め,全ての必要な措置をとることを勧告している[165]。また,委員会は特に感染の被害を受けやすい子供たちに関心を持っている[166]。

第11項　雇用とリプロダクティブ・ヘルス

女子差別撤廃条約において雇用とリプロダクティブ・ヘルスに関連するのは,第11条(雇用における差別の撤廃)及び第12条(保健における差別の撤廃)である。また,特に関連する「一般的勧告」は,「女性の健康」に関する「一般的勧告24」である。この勧告には,雇用とリプロダクティブ・ヘルスに明示的には触れていない。しかしながら,同勧告パラグラフ31において,委員会は,締約国に対して,「保健サービスを享受する平等な機会及び質を確保するために,公的機関,NGO,私的組織による女性への保健サービスの提供を監督すること」を勧告している。

委員会は,いくつかの「最終所見」において,会社(職場)において妊娠に関連した差別があるとしている[167]。あるケースにおいて委員会は,雇用に関して妊娠テストをすることは,女性のリプロダクティブ・ライツが侵害され,また明らかな差別であると結論づけている[168]。

自由権規約において雇用とリプロダクティブ・ヘルスに関連するのは,

第3条(男女の同権)及び第26条(法律の前の平等)である。また，特に関連する「一般的意見」は，「男女の同権」に関する「一般的意見28」であり，とりわけそのパラグラフ20において，委員会は次のように述べている。「女性のプライバシーは私人によっても，また干渉されうる。例えば，雇用者が女性を雇う前に妊娠テストを女性に要請する」ような場合はプライバシーの侵害に当たる。委員会は，また，同勧告パラグラフ31では，締約

---

165 Armenia, CRC/C/15/Add.119, para.38. Barbados, CRC/C/15/Add.103, para.25. Belize, CRC/C/15/Add.99, para.25. Benin, CRC/C/15/Add.106, para.25. Burundi, CRC/C/15/Add.133, para.60. Central African Republic, CRC/C/15/Add.138, para.60. Chad, CRC/C/15/Add.107, para.28. Colombia, CRC/C/15/Add.137, para.48. Comoros, CRC/C/15/Add.141, para. 33. Côte d'Ivoire, CRC/C/15/Add.155, para.42. Cuba, CRC/C/15/Add.72, para.37. Democratic Republic of the Congo, CRC/C/15/Add.153, paras.52, 54, 70. Dominican Republic, CRC/C/15/Add.150, para.37. Ethiopia, CRC/C/15/Add.144, paras.58, 60. Ethiopia, CRC/C/15/Add.67, para.14. Fiji, CRC/C/15/Add.89, para.20. Ghana, CRC/C/15/Add.73, para.45. Guatemala, CRC/C/15/Add.154, para.44. Guinea, CRC/C/15/Add.100, para.25. Honduras, CRC/C/15/Add.24, para.27. India, CRC/C/15/Add.115, para.50. 日本，CRC/C/15/Add.90, para.21. Latvia, CRC/C/15/Add.142, para.39. Lesotho, CRC/C/15/Add.147, para.45. Lithuania, CRC/C/15/Add.146, para.39. Maldives, CRC/C/15/Add.91, para.19. Mali, CRC/C/15/Add.113, para.27. Mexico, CRC/C/15/Add.112, para.27. Micronesia (Federated States of), CRC/C/15/Add.86, para.19. Monaco, CRC/C/15/Add.158, para.6. Nicaragua, CRC/C/15/Add.108, para.35. Peru, CRC/C/15/Add.120, para.24. Sierra Leone, CRC/C/15/Add.116, para.59. South Africa, CRC/C/15/Add.122, para.31. The Former Yugoslav Republic of Macedonia, CRC/C/15/Add.118, paras.38, 40. Togo, CRC/C/15/Add.83, para.23. Trinidad And Tobago, CRC/C/15/Add.82, para.19. Turkey, CRC/C/15/Add.152, para.53. Uganda, CRC/C/15/Add.80, para.17. United Republic of Tanzania, CRC/C/15/Add.156, para.30. Venezuela,CRC/C/15/Add.109, para.27.

166 Cambodia, CRC/C/15/Add.128, para.46. Democratic Republic of the Congo, CRC/C/15/Add.153, paras.52, 70-71. Djibouti, CRC/C/15/Add.131, paras. 41, 45.

167 Colombia, A/54/38, para.389. Guyana, A/56/38, para.157. Mexico,A/53/38, para.391.

168 Mexico, A/53/38, para.391.

国の国家報告書から,「女性の大部分が労働法によって保護されていない領域で雇用されている」ことを確認しているとしている。

規約人権委員会は一般的な関心事として,働く場所においてジェンダーに基づく差別や不平等があることに関して意見を表明している[169]。また,職場における妊娠に関連した差別のケースとして,妊娠テストの要請を挙げている[170]。

児童権利条約において雇用とリプロダクティブ・ヘルスに関連するのは,第24条(健康及び医療についての権利)及び第32条(経済的搾取などからの保護)である。特に関連する「一般的意見」は,これまでのところない。また,特に「最終所見」においても,この問題は取り扱われてはいない。

第12項　その他

その他の関連する問題として,女子差別撤廃員会は,人種及び民族とジェンダーに基づく複合差別の問題[171]に触れ,また,性的志向の問題としての同性愛者に対する刑法上の罰則規定について再検討すること[172]を締約国に求めている。

規約人権委員会は,人種的及び民族的少数者に属する女性が,ヘルスケアへのアクセスに関して差別されていることについて触れている[173]。ま

---

169 Dominican Republic, CCPR/CO/71/DOM, para.19. Guyana, CCPR/C/79/Add. 121, para.13. Kyrgyzstan, CCPR/CO/69/KGZ, para.13. Libyan Arab Jamahiriya, CCPR/C/79/Add.101, para.17. Mongolia, CCPR/C/79/Add.120, para. 8(c). Poland, CCPR/C/79/Add.110, para.12(c). Romania, CCPR/C/79/Add.30, para.16. Russian Federation, CCPR/C/79/Add.54, para. 14.Zambia,CCPR/C/79/Add.62, para.9.

170 Brazil, CCPR/C/79/Add.66, A/51/40, para.335. Poland, CCPR/C/79/Add.110, para. 12(d).

171 Finland, A/56/38, para.305. Germany, A/55/38, para.317. Guatemala, A/49/38, para.81. Netherlands, A/56/38, para.205. Sweden, A/56/38, para.356. United Kingdom of Great Britain−Northern Ireland, A/54/38, para.305.

172 Kyrgyzstan, A/54/38, paras.127-128. Mexico, A/53/38, para.420.

173 Brazil, CCPR/C/79/Add.66. A/51/40, para.337.

た，委員会は，性的志向に基づく差別を非難[174]し，同性愛者の生命に対する権利[175]についても触れている。

　児童権利委員会は，締約国に対して，しばしば，ジェンダー，人種及び民族ごとに細分類したデータを整えるよう要請している[176]。それは，締約国が差別を撤廃するためにとった様々な措置や政策[177]，立法[178]，公的な教育キャンペーン[179]，学校カリキュラムの再編成[180]，人種又は民族に基づく差別に関する苦情をモニターする規定[181]，民族間の社会経済的格差を減らすプログラムを含む[182]。委員会のこれらの勧告は，マイノリティーの子どもたちの健康に対する権利及びヘルスケアへのアクセス，また，マイノリティーの子どもたちの公衆衛生政策の再検討[183]を，締約国に求めるものである。

---

[174] Trinidad and Tobago, CCPR/CO/70/TTO, para.11. United Kingdom of Great Britain – Northern Ireland – Crown Dependencies, CCPR/C/79/Add.119, para.14.

[175] Colombia, CCPR/C/79/Add.76, para.16. Sudan, CCPR/C/79/Add.85, para.8.

[176] Côte d'Ivoire, CRC/C/15/Add.155, para.17. Latvia, CRC/C/15/Add.142, paras.23–24. Turkey, CRC/C/15/Add.152, para.22.

[177] Côte d'Ivoire, CRC/C/15/Add.155, para.23. United Republic of Tanzania, CRC/C/15/Add.156, para.27.

[178] Bhutan, CRC/C/15/Add.157, para.31(a). India, CRC/C/15/Add.115, para.31. Lesotho, CRC/C/15/Add.147, para.26. United Republic of Tanzania, CRC/C/15/Add.156, para.27.

[179] Bhutan, CRC/C/15/Add.157, para.31(c). Costa Rica, CRC/C/15/Add.117, para.15. Côte d'Ivoire, CRC/C/15/Add.155, para.23. Denmark, CRC/C/15/Add.151, para.27. Honduras, CRC/C/15/Add.105, paras.19-20. India, CRC/C/15/Add.115, para.31. Lesotho, CRC/C/15/Add.147, para.26. Liechtenstein, CRC/C/15/Add.143, para.21. Nicaragua, CRC/C/15/Add.108, para.24.

[180] Guatemala, CRC/C/15/Add.154, para.6.

[181] Bhutan, CRC/C/15/Add.157, para.31(b).

[182] Costa Rica, CRC/C/15/Add.117, para.15. Dominican Republic, CRC/C/15/Add.150, para.23. Honduras, CRC/C/15/Add.105, para.19. Mexico, CRC/C/15/Add.112, para.18. Netherlands, CRC/C/15/Add.114, para.29. Nicaragua, CRC/C/15/Add.108, para.24. Russian Federation, CRC/C/15/Add.110, para.25.

[183] Guatemala, CRC/C/15/Add.154, para.41.

第13項　その他の条約機関の動向

　これまで，女子差別撤廃条約，自由権規約及び児童権利条約，並びにその条約機関について検討してきた。これら3条約及び委員会以外のもののなかにも，最近になってからようやくリプロダクティブ・ライツ及びリプロダクティブ・ヘルスに関連する動きがみられる。ここでは簡単にその動きに触れておく。

(1)　社会権規約委員会の国家報告書に対する委員会の「最終所見」
　「経済的，社会的及び文化的権利に関する委員会」（以下「社会権規約委員会」という）は，婚姻における権利に関して，姦通罪が男性よりも女性に対して厳しいことが差別的であるとコメントしている[184]。また，委員会は，離婚について，エジプトとネパールに対する「最終所見」において，差別的な法が存続していることについて意見を表明し，女性に対する差別及び不利益になる規定をすべて撤廃するよう勧告している[185]。

(2)　人種差別撤廃委員会の国家報告書に対する委員会の「最終所見」
　「人種差別の撤廃に関する委員会」は，ようやく近年になって，婚姻及び私生活における女性の権利を取り扱いはじめた。委員会は，キプロスに対する「最終所見」において，異なる宗教及び民族出身者同士の婚姻において，法的な制限を除去するよう勧告した[186]。

第3節　小　括

　リプロダクティブ・ライツ及びリプロダクティブ・ヘルスは，国際的平面において発生し，発展してきた概念である。そのため，条約機関におけ

---

[184] Democratic Republic of the Congo, E/C.12/1/Add.45, para.17. Egypt, E/C.12/1/Add.44, para.13. Syrian Arab Republic, E/C.12/1/Add.63, paras.14, 31.
[185] Egypt, E/C.12/1/Add.44, paras.17, 33. Nepal, E/C.12/1/Add.66, paras.10, 13.
[186] Cyprus, A/56/18, para. 9.

る実行を通じて，さらにその概念の内容が明確になりつつあるといえる。人権条約には，「リプロダクティブ・ライツ」及び「リプロダクティブ・ヘルス」を直接に定めた規定はない。しかし，条約機関は，その作業を通じて，各人権条約に，「リプロダクティブ・ライツ」及び「リプロダクティブ・ヘルス」に関する国際社会の認識の深化に応じて，これらの概念を踏まえた解釈を提示してきているといえる。

　このことは，それぞれの条約機関が共通して取扱い，条約違反を認定していることに典型的に表れている。例えば，有害な伝統的勧告に関する女子差別撤廃委員会，規約人権委員会及び児童権利委員会の勧告がそうである。しかしながら，一般的にいえば，各条約機関は，その履行監視の対象となる条約の解釈を中心として議論を展開しているため，「リプロダクティブ・ライツ」及び「リプロダクティブ・ヘルス」の全体像を踏まえたアプローチを採用しているとまではいえない状況である。もし，そのようなアプローチを採用するのであれば，これまで特に取り扱われていなかった問題にも重要な論点が含まれていることが感知され，それについても照明をあてることができたはずである。これが，様々な人権の総合体としての「リプロダクティブ・ライツ」及び「リプロダクティブ・ヘルス」という概念を定立する意義の一つであることに鑑みれば，今後は，このような意義を十分に意識したアプローチを採用することが必要である。

　なお，本稿では取り上げなかったが，国際的平面における「リプロダクティブ・ライツ」及び「リプロダクティブ・ヘルス」の取組みとしては，このほかにも，地域レベル（米州・欧州・アフリカ）での人権機構の動向や，地域レベルでの国連の5つの委員会（アフリカ経済委員会，アジア太平洋経済社会委員会，ラテンアメリカ・カリブ経済委員会，西アジア経済社会委員会，及び欧州経済委員会）がある。また，国連の各機関である世界保健機構（WHO），国連人口基金（UNFPA），世界銀行（WB），国連開発計画（UNDP），国連難民高等弁務官事務所（UNHCR）も，「リプロダクティブ・ライツ」及び「リプロダクティブ・ヘルス」問題に関して精力的に取組んでいる。さらに，これらの中で，第1章第2節第2項で述べたリプロダクティブ・ヘルス概念の基礎を作った「ヒト生殖生理学特別計画」を，

UNDP，UNFPA，WHO 及び WB が受け継ぎ，横の連携を通してリプロダクティブ・ライツ及びリプロダクティブ・ヘルスに関するプロジェクトに数多く取り組んでいることを付け加えておく。

第4章　日本における「リプロダクティブ・ライツ」及び「リプロダクティブ・ヘルス」の受容と現状

　日本は，国際フォーラムの場において「リプロダクティブ・ライツ」及び「リプロダクティブ・ヘルス」概念の重要性を承認する発言を行っている。例えば，1995年9月に開催された北京会議において，野坂浩賢官房長官（当時）は，日本の政府代表団主席代表として行った演説において次のように述べた。

　　我が国としても，女性の人権尊重の意識啓発に積極的に取り組んでいるところであります。また，リプロダクティブ・ヘルス／ライツの重要性，その実現のための包括的なアプローチの必要性が国際社会の場で合意されたことを我が国は高く評価しております[1]。

　また，2000年6月にニューヨークで開催された北京＋5において，岩男寿美子氏は，政府代表団主席代表として行った演説において次のように述べた。

　　我が国では，女性に対する暴力やセクシャル・ハラスメントを根絶するための調査，防止と被害者保護，適切な法執行，更なる法整備の検討を通じて，引き続き一層努力する考えです。また，リプロダクティブ・ヘルス／ライツが女性の生涯にわたって確保されるよう，ライフステージに応じた適切な保健医療サービスの提供に努めていきます[2]。

　この2つの演説にみられるように，「リプロダクティブ・ライツ」及び「リプロダクティブ・ヘルス」概念について，日本はその重要性を認め，

1　http://www.gender.go.jp/nosaka.html 参照。（2007年1月アクセス）。
2　http://www.gender.go.jp/legarite/132/1.html 参照。（2007年1月アクセス）。

国際的な合意が得られたことを高く評価するとともに,「リプロダクティブ・ライツ」及び「リプロダクティブ・ヘルス」が女性の生涯にわたって確保されるよう努めることを宣言している。

また,この2つの演説が示唆するように,日本が「リプロダクティブ・ライツ」及び「リプロダクティブ・ヘルス」概念を受け入れ,それに基づいて諸政策を展開する契機となったのは,既に検討してきたような国際社会の動向がその背景にある。そこで,本章では,日本における「リプロダクティブ・ライツ」及び「リプロダクティブ・ヘルス」概念の受容と展開を時系列的に検討し,次いで,現在日本で生じている状況について触れる(第1節)。また,「リプロダクティブ・ライツ」及び「リプロダクティブ・ヘルス」概念との関連で,日本において問題となり,また,問題となり得る3つの問題を取りあげて検討する。少子化,優生保護法の改正問題及び中絶問題である(第2節〜第4節)。

なお,本章においては,現在の日本において通用している「リプロダクティブ・ライツ」及び「リプロダクティブ・ヘルス」概念の表記法に則り,「リプロダクティブ・ヘルス/ライツ」と表記することがある。

第1節 従来の動向

国際婦人年である1975年(昭和50年)6月17日に衆議院本会議において,また,同月18日に参議院本会議において,「国際婦人年にあたり,婦人の社会的地位の向上をはかる決議」が可決された。このなかで,「政府は,国際婦人年を契機として,婦人に対する差別撤廃,婦人の地位向上に関する国際連合の宣言,決議,条約及び勧告を国内の施策に反映し,これを実現するための行動計画を策定し,実効を上げるために全力をつくすべきである」と,その決意を表明した。

また,同年7月2日には,「メキシコ宣言」[3]が採択された。日本では,これを受けて,9月23日に総理府に総理大臣を本部長とする婦人問題企画

---

3 第2章第1節第3項参照。

推進本部が設置され，その事務局として婦人問題担当室ができた。ここに，「メキシコ会議」における決定事項の国内施策への取入れ，その他女性に関する施策について，関係行政機関相互間の緊密な連絡をはかるとともに，総合的かつ効果的な対策を推進する準備が整ったといえる。また，各都道府県には，婦人行政の窓口が設置された。

 1977年（昭和52年）2月1日，婦人問題企画推進本部が，「メキシコ会議」が採択した「行動計画」を受けて，今後10年を見据えた「国内行動計画」が公表された[4]。「国内行動計画」は，その［I　基本的な考え方］の［3］において，「婦人が生涯の生き方を主体性をもって選択，設計し，その個性と能力を自己の実現と社会の進歩のために生かすことは，婦人自身の人格の発展はもとより，国民全体の福祉の向上にとって欠くことのできないもの」との認識を表明し，女性が主体的に人生をおくることの重要性が強調された。また，同計画［5］の計画の課題のなかに，「母性の尊重及び健康の擁護」が掲げられ[5]，これを受けて，［II　施策の基本的方向とその展開］の［3］においては「母性の尊重及び健康の擁護」が取りあげられた。次のようにいう。「母性は次代社会の健全な発展のために不可欠であり，社会全体として，これに対する十分な援護態勢が確立されなければならない」。また，そのなかの「(1)母性保健」では，「結婚，家族計画，母性保健等についての知識を普及し，婦人が母性の重要性を自覚し，自らの健康の維持増進に努めるよう必要な指導を行う」ことなどが，「次の世代の資質の向上の観点」から必要とされた。

 1977年（昭和52年）11月2日に内閣総理大臣官房が公表した，「国内行動計画前期重点目標」は，前記の「国内行動計画」の前半期に，特に重点的に取り組みを必要とする分野を列挙した。そのなかには，「母性と健康を守る対策」が入っていた。

 また，1981（昭和56年）年5月15日には，「国内行動計画後期重点目標」[6]

 4　国際婦人年大阪の会・前掲第2章（注2）106-127頁。
 5　他には，法制上の婦人の地位の向上，男女平等を基本とするあらゆる分野への婦人の参加の促進，老後等における生活の安定の確保，国際協力の推進，が計画の課題として掲げられている。国際婦人年大阪の会・前掲第2章（注2）111頁。

が公表された。これは,「コペンハーゲン会議」が採択した「国連婦人の10年後半期プログラム」を受けて策定されたものであり,「国内行動計画」の目標達成のために,後半期に重点をおいて推進する事項を列挙した。また,女子差別撤廃条約の批准のため国内法制等の整備に努めることが明記されている[7]。そのなかに,「母性の尊重と健康づくりの促進」が掲げられ,「母性を尊重し,婦人の健康づくりを促進することは,婦人自身のみならず,次代を担う子どもの健康を守ることにもつながる重要な課題」であるとされた。

1970年代から80年代の以上の動向の特徴は,「母性」が「子ども」とともに語られ,両者がセットにならなければ,女性の健康は守られるべき対象とはみなされていなかったということである。すなわち,「母」にならない(なれない)女性は,当該健康問題の保護対象から外れるということであり,女性を「産む性」としての側面からのみ取り扱っているということである。このような問題に対して,日本においても女性たちの運動が世界的な運動と連携するように進んでいくこととなる。

このような状況は,1994年前後から変化をみるようになった。その契機となったのは1995年のカイロ会議である。1994年9月のカイロ会議に先立ち,日本政府は1994年1月に東京で「人口と開発に関する賢人会議」を開催した[8]。この賢人会議は,カイロ会議にむけての貢献策を探るため,世界の人口に関する賢人と称される人たち約20名を招待して,人口と開発についての討議を行ったものである。政府は,その結果を「東京宣言」として採択し,1994年4月にニューヨークで開かれたカイロ会議の第3回準備会に持参した。

その後,1994年(平成6年)7月12日に,婦人問題企画推進本部は,男女共同参画推進本部に改組された。本部長・副本部長は従来どおりであっ

---

6 国際婦人年大阪の会・前掲第2章(注2)188-212頁。

7 小寺・第2章(注13)国際人権5号,31-32頁。これによると,その結果整備された国内法制は,3つある。①国籍法の改正,②男女雇用機会均等法の成立,③家庭科教育に関する学習指導要領の改訂,である。

8 序章第2節参照。

たが，本部員は，各省庁の長（閣僚）に格上げされた。

　1996年（平成8年）12月，北京会議で採択された「行動綱領」を受けて[9]，総理府男女共同参画推進本部（本部長・橋本龍太郎内閣総理大臣〔当時〕）において，「男女共同参画2000年プラン―男女共同参画社会の形成の促進に関する平成12年（西暦2000年）度までの国内行動計画―」が決定された[10]。このプランのなかで，「生涯を通じた女性の健康支援」という新たな課題が重点目標として取り上げられている。この「生涯を通じた女性の健康支援」のなかで，最初にあげられているのが，「リプロダクティブ・ヘルス／ライツに関する意識の浸透」という項目である[11]。さらに，この項目は次のように細分されている。「(1)女性の健康問題への取組みについての気運の醸成，(2)学校教育における性に関する指導の充実，(3)性に関する学習機会の充実，(4)母性の社会的機能の尊重」である。

9　北京会議行動綱領パラグラフ297によると，「できるだけ早く，なるべくなら1995年末までに，政府は関係機関及び非政府機関との協議の下に行動綱領の実施戦略を開始し始め，なるべくなら1996年末までに自国の戦略又は行動計画を開発し終えてしまうべきである。……」と記述されており，日本国はこれを受けていると明記している。総理府・前掲第2章（注36）53頁，176頁。

10　総理府編『平成10年版男女共同参画白書―男女共同参画の現状と施策―』大蔵省印刷局，1998年，（以下，『男女共同参画白書』とする。）によると，男女共同参画2000年プランは，1995年（平成7年）の北京会議において採択された「行動綱領」や，1996年（平成8年）7月に出された男女共同参画審議会（男女共同参画社会審議会令（平成6年6月24日政令第190号）により設置，1997年（平成9年）3月31日廃止。）答申「男女共同参画ビジョン―21世紀の新たな価値の創造―」を踏まえ，策定されたものであり，国内行動計画としては5回目にあたる。

11　他には，「生涯を通じた女性の健康の保持増進対策の推進　(1)生涯を通じた健康の管理・保持増進のための健康教育・相談支援等の充実　(2)妊娠・出産期における女性の健康支援　(3)成人期，高齢期等における女性の健康づくり支援」と「女性の健康をおびやかす問題についての対策の推進　(1)HIV／エイズ，性感染症対策　(2)薬物乱用防止対策の推進」という項目がある。前掲『男女共同参画白書』168-175頁。また，同296-303頁の「男女共同参画社会の形成の促進に向けて―男女共同参画2000年プランの施策の具体的方向と具体的施策―」の「Ⅲ　女性の人権が推進・擁護される社会の形成」のなかにも「生涯を通じた女性の健康支援」について明記されている。

このプランが提出されるまでに,「男女共同参画審議会」(以下「審議会」という。「審議会」は,特にことわりのない場合は,男女共同参画審議会のことを指す) においても,「リプロダクティブ・ヘルス／ライツ」について数多くの有益な議論があった。例えば,「女性健康法 (リプロダクティブ・ヘルス／ライツを保障する法律)」を定める方向で検討すべきであり,優生保護法と堕胎罪の見直しをおこなうべきとする議論[12]がそうである。それを受けて,その後に開催された審議会[13]において法務省ヒアリングが行われた。

このヒアリングのなかで,法務省は,堕胎罪の存廃について,「法制審議会における改正刑法草案の審議の際にも議論があり,積極,消極両論があったものの,胎児もまた生命を持つ者として保護する必要があり,その軽視は人命軽視につながるおそれがあること,堕胎罪の検挙件数が少なくても,一般予防的な見地から処罰規定を置くことには意味があり,また,国民の意識としても一般に堕胎を是認するには至っていないこと,諸外国においての堕胎の規制が緩和されてきているのは,妊娠中絶に対して日本と比較にならないほど厳しい態度をとってきたことの修正であって,承知している限りでは堕胎罪を全廃していた立法例はないこと,などの理由から存置すること」とされ,「現時点では,堕胎罪の廃止は適当でないと考えて」いるという。

その後,各委員から「リプロダクティブ・ヘルス／ライツ」と堕胎罪に関連して,多数の質問があがったが,最終的に法務省は,「日本の刑罰規定は犯罪を犯したら必ず裁判にかけられるのではなく,犯罪に至る状況等諸般の情状を考慮して,検察官に起訴の裁量権が認められており,情状により処罰するに値しないものであるときには不起訴処分にすることができるのです。法制上,やったからといって必ず処罰される形にはなっておりません。」と答えている。

また,審議会では,暴力・「リプロダクティブ・ヘルス／ライツ」の部

---

12 男女共同参画審議会第3部会第8回議事録。平成7年12月11日開催。
13 男女共同参画審議会第3部会第9回議事録。平成8年1月29日開催。

分において，既存の法律を活用することも必要であるが，ビジョンでは新たな法的な取組みが必要だということを強調している[14]。

しかしながら，1998年（平成10年）11月4日に小渕恵三内閣総理大臣（当時）宛に提出された，「男女共同参画社会基本法について―男女共同参画社会を形成するための基礎的条件づくり―（答申）」[15]のなかには，「リプロダクティブ・ヘルス／ライツ」という文言は出てこない。また，この答申の特徴は，権利の享有主体を「男女」と繰り返し述べていることにある。

また，この答申は，男女共同参画審議会の機能が男女共同参画会議に発展的に継承されることになる旨を述べている。というのも，1998年（平成10年）6月に成立した中央省庁等改革基本法において，男女共同参画会議が内閣府に設置されることとされていたからである。同法は，男女共同参画会議の任務を，①男女共同参画に関する基本方針，総合的な計画等について審議すること，②政府の施策に男女共同参画の視点が反映されるよう，関係大臣に必要な意見を述べること，及び③男女共同参画に関して講じられる施策の実施状況を調査し，及び監視することと規定している。

また，この答申のなかで，「基本法に盛り込むべき内容」として，「リプロダクティブ・ヘルス／ライツ」という文言は出てこない。しかしながら，「リプロダクティブ・ヘルス／ライツ」に関係する項目を見出すことはできる。それは，「3　基本理念　(4)　家族責任等」という項目である。以下のように記されている。

　　男女共同参画社会の形成の促進にあたっては，男女が，子の養育，家族の介護，家事等についての家族の構成員としての役割を円滑に果たし，豊かな家庭生活と家庭以外の分野における活動とを両立させることができることが重要である。このことに鑑み，家族を構成する男女は，家族の一員としての役割を果たすため，互いに協力しなければならない。特

14　男女共同参画審議会第22回議事録。平成8年11月19日開催。

15　これは，平成9年6月16日付け総共第260号をもって諮問された「男女共同参画社会の実現を促進するための方策に関する基本的事項」に関し，男女共同参画社会の実現を促進するための基本的な法律についての調査審議（男女共同参画審議会〔会長　岩男寿美子〕）を進め，その結果を答申したものである。

に子の養育，家族の介護については，社会も共に担う認識に立って，社会的な支援の充実が図られなければならない。

この項目が，「リプロダクティブ・ヘルス／ライツ」の理念を定めているものと解される。

その後，2001年の中央省庁等改革に伴い，内閣機能強化の一環として，内閣総理大臣を長とする内閣府が新たに設置された。その中に，男女共同参画社会の実現を図るため，まず第1に男女共同参画会議が設置された。それにより，従来の総理府男女共同参画会議から格上げされた。また，男女共同参画会議の下に，①「基本問題専門調査会」，②「仕事と子育ての両立支援策に関する専門調査会」，③「女性に対する暴力に関する専門調査会」，④「苦情処理・監視専門調査会」，そして⑤「影響調査専門調査会」が設置され，様々な議論が行われている。続いて第2として，従来の総理府男女共同参画室の機能強化を図り，内閣府に男女共同参画局が設けられた。また，従来から内閣に設置されていた男女共同参画推進本部は，中央省庁等改革以降も引き続き担っている。

第2節 「リプロダクティブ・ライツ」及び「リプロダクティブ・ヘルス」をめぐる日本の現状

前述の「男女共同参画社会基本法について―男女共同参画社会を形成するための基礎的条件づくり―（答申）」に基づき，1999年「男女共同参画社会基本法」が制定された。しかしながら，「リプロダクティブ・ヘルス／ライツ」に関する個別の法案が提出される動きは，現在（2007年1月現在）のところない。折しも，ジェンダーに対するバックラッシュ（逆流）が強くなってきており，条例に「リプロダクティブ・ヘルス／ライツ」を盛り込むことすら難しくなってきている。ここでは，日本の動向とも無関係ではないアメリカの状況を述べた後，現在の日本社会にみられるバックラッシュの状況を概観する。

第2節 「リプロダクティブ・ライツ」及び「リプロダクティブ・ヘルス」をめぐる日本の現状　131

第1項　アメリカにおけるバックラッシュ

　国際的にみれば，フェミニズムに対するバックラッシュは2度目である。1度目は，1979年に誕生したレーガン政権下のアメリカでみられた。同政権のもとで，アメリカでは，社会全体の保守化とフェミニズムへのバックラッシュが起きていたのであり，これにより，1982年の憲法修正平等条項（Equal Right Amendments　憲法修正平等条項）が最終的に頓挫した。これはフェミニズムの挫折を意味した[16]。

　ジョージ・ブッシュ政権下のアメリカでは，現在（2007年1月現在），2度目のバックラッシュが進行中である。例えば，ブッシュ政権は性教育に関して「禁欲」（abstinence-only sex education）を推進している[17]。また，「メキシコシティ政策[18]」（グローバル・ギャグルール〔Global Gag Rule〕）がブッシュ政権で復活した。「メキシコシティー政策」（グローバル・ギャグルール）とは，レーガン政権が1984年に導入した方針であり，NGOに対する連邦からの資金拠出に一定の条件をつけ，家族計画や妊娠中絶の浸透

---

[16]　上野千鶴子「差異の政治学」，井上俊＝上野千鶴子ほか編『岩波講座現代社会学11・ジェンダーの社会学』（岩波書店，1995年）10頁。

[17]　*Newsweek*, Dec 9 2002. "New Moral Order？" pp.3-6. この記事は，米国の10代の男女間で結婚まで性行為を控える傾向が強まり，新たな性革命が進行中であると報じている。以下，記事の内容である。「結婚までの禁欲を勧める高校での教育も広がりを見せているという。それによると，疾病対策センター（CDC）の01年の調査で性行為を経験したと答えた高校生は46％で，91年の54％から急減。10代の妊娠も減っている。結婚まで「純潔」を守ろうとする若者の風潮について同誌は「気楽に性行為に走る親の世代の風潮を拒否し，視聴率を稼ぎ，製品を押し売りするため日常的にセックスを利用する主流メディアと明白に対立する新たなカウンターカルチャー」と位置付けた。共同電によると，禁欲教育は道徳的・社会的な問題だけでなく，性病予防策としても重視される傾向があり，米全国の高校の3分の1以上が実施している。ブッシュ政権は禁欲教育にかける予算を98年の6000万ドルから1億3500万ドルに増やそうとしている。」。

[18]　第2回国際人口・開発会議（メキシコシティー）を受けて，アメリカ国内で制定された政策のことを指す。メキシコ会議については，本書第1章第1節第2項参照。

を妨害する効果をもつものである[19]。つまり,「リプロダクティブ・ヘルス」及び「リプロダクティブ・ライツ」に関する開発援助支援は一切しないことを意味する。クリントン政権では放棄されていたこの政策がブッシュ政権の誕生とともに, 2001年1月22日に復活したのである[20]。

また, ブッシュ政権の司法長官であるジョン・アシュクロフト (John Ashcroft) は, 上院議員時代, 強姦や近親姦による妊娠の場合であっても中絶を認めないとする反中絶強硬派として知られた人物である。そのため, 全米各地で"Stop Ashcroft Campaign"が展開され, アシュクロフトの司法長官就任を阻止しようとしたが, 成功しなかった[21]。

2002年12月に開催された「第5回アジア太平洋人口会議 (Asia Pacific Population Conference: 以下「APPC」という)」における, アメリカの「リプロダクティブ・ライツ」及び「リプロダクティブ・ヘルス」の否定も, その根本にあるものは「メキシコシティー政策」である。また, 同様に, ブッシュ政権の単独行動主義が人口問題にも関わってきていることを意味している[22]。

もともと, 国内の宗教的保守派 (プロライフ派) を支持基盤とするブッシュ政権は, 大統領就任当初より,「メキシコシティー政策」を重要視していた。それが, APPCにおけるアメリカの態度にも反映した。そのため, アメリカは,「リプロダクティブ・ライツ」及び「リプロダクティブ・ヘルス」概念には正面から反対し, 会議を混乱に陥れた。国際的に承認されていたはずのカイロ行動計画を反故にし, 国連の正式文書から「リプロダクティブ・ヘルス」及び「リプロダクティブ・ライツ」の文言を削除しようとしたため, 各国代表団と全てのNGOの猛反発を受けることとなった[23]。

19　本書第4章第1節第2項参照。
20　Center for Reproductive Rights, *Breaking the Silence: The Global Gag Rule's Impact on Unsafe Abortion* (New York. 2003). p.7.
21　荻野・前掲第1章 (注8) 287頁。
22　第2章第2節参照。
23　第5回アジア・太平洋人口会議　http://www.unescap.org/esid/psis/population/5appc/index.asp　参照。(2007年1月アクセス)。

第 2 節　「リプロダクティブ・ライツ」及び「リプロダクティブ・ヘルス」をめぐる日本の現状　133

　最終的には，アメリカの保守的な主張に対して，他の参加国が反発し，昨今の国際フォーラムとしては異例の投票が行われた（通常は，コンセンサスにより決定が行われる）。その結果，「リプロダクティブ・ライツ」及び「リプロダクティブ・ヘルス」という文言は，賛成31，反対1，棄権2（ネパール及びスリランカ）で残されることになり，アメリカ提案は退けられた[24]。

　この会議においては，日本は，アメリカの反対する立場をとった。しかし，アメリカで起こっているこのバックラッシュは，その形態には若干の相違はあるものの，現在の日本社会でも生じている。次に，これを概観する。

第 2 項　日本の現状

　日本におけるバックラッシュは様々な場面でみられる。いくつかの例をみておこう。まず，「男女共同参画」という用語が用いられるようになった背景がバックラッシュと関係している。それは，「『言葉』の『意味』をめぐる『力関係』の結果である」[25]。当初は，特に女性運動側からは「男女平等」という言葉が主張された。しかし，保守派政治勢力から，「平等は困る（男女を何もかも同じにするように聞こえる）」という声があがった。さらに，女性たちから「平等」を口実に，女性の妊娠・出産という生理的機能の保護政策の無視につながるのではないかという不安が出たことも，「平等」という言葉をストレートに使うことにためらいを生じさせた[26]。

　そこで，次に登場したのが「男女共生」[27]という言葉である。しかし，この言葉に対しては，「男女の特性論」を前提にした響きがあること，つまり「男女が違いを認め合いつつ共に生きる」という意味になるとする反対論が女性たちの側から出たのである[28]。結局，男女の意思決定も含む対

---

[24] 朝日新聞2002年12月19日朝刊。
[25] 伊藤公雄『「男女共同参画」が問いかけるもの─現代日本社会とジェンダー・ポリティクス─』（インパクト出版，2003年）82頁。
[26] 伊藤・前掲81-83頁。

等な参加・参画を意味する「男女共同参画」という言葉が，ジェンダー平等をめぐる政策用語として，1990年代前後から用いられるようになったものと考えられる。これが，政府の公式文書に始めて用いられたのは，1991年（平成3年）に，1987年策定「西暦2000年に向けての新国内行動計画」の第1次改訂が公表されたときであると考えることができる。従来一般に使われていた「平等参加」に代わり「共同参画」という言葉が用いられたのである。その後，1996年（平成8年）7月に男女共同参画審議会が橋本龍太郎総理（当時）に答申した「男女共同参画ビジョン」において，「男女共同参画」及び「男女共同参画社会」の公的な定義がなされ，公式の概念として認知されるようになったのである。

また，現在のバックラッシュの例として，特に2000年以降，「男女共同参画」や「ジェンダー平等（ジェンダーフリー）」[29]に対する批判が高まってきていることをあげることができる。それは，ある意味において，日本でもジェンダー政策が着実に広がりを見せたこと，地方自治体が条例や行動計画等によってジェンダー問題への取組みを本格化させてきたことの反作

---

27 竹中恵美子『女性論のフロンティア―平等から衡平へ―』（創元社，1995年）58-95頁。竹中氏は「男女平等」ではなく「男女共生」という語を使用することについて，以下のように説明している。「……雇用における「男女平等」が，決して男女の機会均等や共生の理念を，単に定着させるだけでは達成できるものではないことを示している。問題は生産と再生産の領域を男女が共生し得るように再編成すること，経済の単位を女性のシャドウ・ワークを組み込んだ家族の形態から，一人一人の人権の確立の上に立った個人を単位とする家族形態に再構成すること，また，シャドウ・ワークとされていた再生産の領域を，社会的再生産としてどうシステム化するかにあるといわねばならない。」。

28 伊藤・前掲（注25）81頁。

29 「ジェンダーフリー」という用語に対して，筆者は若干の疑問を禁じえないし，バックラッシュを推進しているグループからの誤解の一端はこの用語・用法にあると思われるが，既に日本では確立しつつある用語となっているので，ここではその見解は割愛したい。そもそも，「ジェンダーフリー」の初出は，1995年に東京女性財団が作ったパンフレット『若い世代の教師のために／あなたのクラスはジェンダー・フリー？』以後だと言われている。この言葉は，「バリア・フリー」に由来しているという見解もある。伊藤・前掲（注25）128-131頁。

用でもある。このような動きに対し,「伝統的秩序」を重視する団体及び「保守派」の人々が,日々反発を強めているのである。例えば,次のような議論がある。

　　フェミニズム運動は男女平等を目指すだけの「女・子供」の運動ではない。日本の健全な文化と秩序を内部から崩し,力を弱めようという勢力が隠れている。ジェンダーフリー運動はその勢力が周到に準備し遂行している革命戦略の一環である[30]。

また,「ジェンダーフリー思想を政策として実現する司令塔の役割を担っているのは,内閣府の男女共同参画会議である。彼らの主張を詳しく見ていくと,日本を全体主義国家へと導こうとしているとしか思えない」[31]とする主張や,「男女共同参画」や「ジェンダー平等(ジェンダーフリー)」がマルクス主義の隠れ蓑であるという主張も見られる[32]。

地方議会におけるバックラッシュは,すでに2000年の秋の三重県男女共同参画条例制定の過程においてみられ,その後,2001年の滋賀県や大阪府,千葉県等の条例制定過程でも明瞭にみられるようになった。このような状況のなかで,2002年6月の山口県宇部市の男女共同参画条例[33]は,「男らしさ女らしさを一方的に否定することなく」という文言や,「専業主婦を否定することなく」という文言を含め,このことがバックラッシュ派から

30　林道義「「男女平等」に隠された革命戦略—ジェンダーフリー運動の危険—」正論2002年8月号。

31　岡本明子「男女共同参画会議の恐るべき戦略—目指すは全体主義国家!?—」正論2002年11月号。

32　毎日新聞2003年6月28日朝刊。この主張は,2003年6月になって,新潟県白根市立茨曽根(いばらそね)小学校において,前年度まで採用されていた男女混合名簿を,新年度である4月から男女別に改めたということがあったが,同校の校長は「男女混合名簿などはマルクス主義フェミニズムに基づいており,思想教育につながる」と説明したことなどがある。この校長の決定に対し,高崎経済大学の八木氏は「校長の対応を評価したい。肉体的に違いがある男女の特性を生かすのが教育だ。混合名簿を認めれば,男女に一緒の制服を着させるなどエスカレートする危険もある」とコメントしている。

33　http://www.city.ube.yamaguchi.jp/gender=/jourei.htm 参照。(2003年12月アクセス)。

は高く評価されている[34]。

　以上のようなバックラッシュの流れが，2002年春に全国的な問題となった事件がある。それは，厚生労働省の外郭団体である母子衛生研究会の出版した『思春期のためのラブ＆ボディ』（以下『ラブ＆ボディ』という），及び文部科学省の委託編集で日本女性学習財団が編集した子育て支援パンフレット『未来を育てる基本のき』が，国会を含めた様々な場で問題にされたことである。

　特に，『ラブ＆ボディ』は，母子保健主管担当者や教育委員会学校保健主管担当者あてに無償配付用に大量に送付され，中学生・高校生に約130万部が配布されたことから問題が大きくなった。『ラブ＆ボディ』批判の中心は，「ピルを勧めてフリーセックスを推奨しているものである」ということであった。2002年（平成14年）の衆議院第155回国会青少年問題に関する特別委員会[35]等，15に及ぶ委員会において，『ラブ＆ボディ』がいかに思春期の若者に有害であるかについて議論がなされている[36]。また，同委員会では『ラブ＆ボディ』とともに，「リプロダクティブ・ヘルス」及び「リプロダクティブ・ライツ」の問題も取り上げられている。自由民主党の馳浩議員（当時）は，委員会において，「特に現時点で『リプロダクティブ・ライツ』という概念は権利内容が明確なものではないのにも関らず，さまざまな事柄を自己決定するほど能力が発達していない未成年者に，成年者の権利としても定かでないものを前提に推進するのはいかがなものか」とする意見を表明している[37]。これに対して，政府は「『リプロダクティブ・ヘルス／ライツ』はカタカナ用語で，子どもたちに理解させるというのは難しいかもしれないが，『性と生殖に関する健康・権利』と

---

[34] 産経新聞2003年7月13日。

[35] http://www.shugiin.go.jp/itdb_kaigiroku.nsf/html/kaigiroku/007315520021121002.htm?OpenDocument　（2007年1月アクセス）。

[36] 2002年（平成14年）第154回国会決算行政監視委員会第一分科会第3号等が挙げられるが，多くは保守新党山谷えり子議員（当時）若しくは自由民主党馳浩議員（当時）からの質問である。http://www.shugiin.go.jp/itdb_kaigiroku.nsf/html/kaigiroku/004115420020722003.htm?OpenDocument　（2007年1月アクセス）。

訳されていること，確かに国際的な定義をそのまま引用している感があるが，図解を示していること等から子どもたちにも理解をしてもらえるのでは」ないかと回答している。

さらに，2003年（平成15年）の衆議院第156回国会予算委員会第一分科

37　http://www.shugiin.go.jp/itdb__kaigiroku.nsf/html/kaigiroku/0073155200211 21002.htm?OpenDocument　（2007年1月アクセス）。

　馳浩氏の「リプロダクティブ・ヘルス」及び「リプロダクティブ・ライツ」に関する意見は以下のようなものである。

　「…先ほど局長は科学的知見に基づいた記述もあると言われましたが，そういう科学的知見に基づいた記述という観点からも非常に抜かりの多い，不備の多い，正確ではない，もっと充実して広い知見を網羅した資料ならいざ知らず，非常に稚拙な冊子であるというふうに私はまず指摘したいと思います。

　さらに重大な指摘をしたいのがこの点であります。一番の問題点は，未成年者に，性と生殖に関する事項，これをリプロダクションと言うのですが，このリプロダクションについての自己決定権を何の制約もなく認めている点であります。

　この『ラブ＆ボディＢＯＯＫ』にはこう書いてあります。『自分で考える，自分で決める　やっぱりそれが大事だね』と書き，さらに，『これを決めるのはすべて「自分」』とした上で，これに当たる対象事項をこう列挙しています。『だれを好きになるか』『交際するかしないか』『結婚するかしないか』『子供をつくるかつくらないか』『避妊するとしたらどんな方法ですか』『産むか産まないか』『いつ産むか』『どんな方法で産むか』を書いて，だんだんエスカレートしております。そして，その理論的な根拠として，一九九四年，カイロ会議で広く主張されたリプロダクティブライツを持ってきております。

　問題点，その一。このリプロダクティブライツなる権利は，自己決定権たる自由権的性質や，リプロダクティブヘルスなる良好な健康状態を享受する権利たる社会権的性質もあり，また，何よりもその権利内容が明確なものではありません。そのような権利概念を，『合言葉はリ・プ・ロ』と書いて，さまざまな事柄を自己決定できるほど能力が発達していない未成年者に，成年者の権利としても定かでないものを前提に推進する配慮のなさ，早計さを指摘したいと思います。

　問題点，その二。憲法上も，未成年者の自己決定権自体，どの範囲で認められ，どのような制約を成年者と異なって受けるのか，議論が始まったばかりで，定説を見ない論争状況下にある点を無視しております。少なくとも，後親思想やパターナリズムからの広い国家の制約，保護主義，これを未成年者の人権は受ける点や，特に親や社会の介入が認められてしかるべき性と生殖に関する事項を，これを強調できていない点は甚だ問題であると断言できます。」。

会[38]では、「リプロダクティブ・ヘルス／ライツ」に対する批判もみられた。特に「リプロダクティブ・ライツ」が「中絶容認，拡大を支持するように解釈されるのではないか」というのである。

同様に，産経新聞は，「リプロダクティブ・ヘルス／ライツ」が条例に盛り込まれることは，「性の自己決定権」を認めることとなり，これは「女性や夫婦に出産・中絶の自由などを認めることにつながる」として，刑法堕胎罪，母体保護法に抵触し憲法94条に違反する恐れがあるとする反対論を繰り広げている[39]。その他にも，男女共同参画条例が「表現の自由」を侵害しているとの論説もある[40]。これに対して，内閣府男女共同参画局の坂東眞理子局長（当時）は，以下のような反論を行っている[41]。

今週の月曜日の産経新聞の一面トップには，「『中絶容認』広がる懸念」という見出しで，都道府県の男女共同参画条例に「性の自己決定権」「性と生殖に関する健康と権利」があるのは「刑法（堕胎罪）などに抵触する恐れも指摘される」とか，「性別による固定的な役割分担を助長する表現を行わないよう努める」旨の規定は憲法の「表現の自由」の制限に直結する可能性があるという記事があった。その日の夕方の記者会見で，内閣官房長官は，「これらの条例は，男女共同参画社会基本法とか男女共同参画基本計画の趣旨に照らして，問題はない。」との見解を示している。

つまり，政府の見解としては，「リプロダクティブ・ライツ」及び「リプロダクティブ・ヘルス」は表現の自由とは抵触しないということである。

38　http://www.shugiin.go.jp/itdb_kaigiroku.nsf/html/kaigiroku/003115620030227001.htm　（2007年1月アクセス）。

39　産経新聞2003年2月28日朝刊。

40　産経新聞2003年2月28日朝刊。

41　坂東眞理子「男女共同参画情報メール」第33号（2003年2月21日）。http://www.gender.go.jp/main_contents/magazine/mail0033.html　（2003年12月アクセス）。

第3項　評　価

　以上のようなバックラッシュの潮流は，日本において現在も続いている。このようなバックラッシュの動きにおいて主張されている議論を，伊藤公雄氏は次の3点に簡潔にまとめている[42]。①「らしさ」の縛りからの自由を進める男女共同参画（ジェンダーフリー）の動きは，あるべき「らしさ」を否定し日本の文化や男女関係を破壊するのではないか，②「専業主婦」否定の動きではないか，そして，③家族の絆を破壊するのではないか，である。そのため，「リプロダクティブ・ライツ」及び「リプロダクティブ・ヘルス」概念が過激な革命思想であり，また，全体主義的であるとされるのである。

　しかし，バックラッシュ派の主張のほとんどは事実誤認に基づいている。第1に，「らしさ」とは，従来の日本の社会のなかで形成されてきた思惟体系であり，「らしさ」のあり様は過去の歴史のなかで変動しているから，あるべき唯一の「らしさ」があるわけではない。従って，過去の価値観が将来を規定するとみることには基本的な誤りがある。

　第2に，女子差別撤廃条約や，「リプロダクティブ・ライツ」及び「リプロダクティブ・ヘルス」概念の基本的な理念は，女性が自らの生に関する選択肢を自由に選択することを保障し，それを妨げる社会的条件をとり除くことにある。従って，女性が，自由な選択の結果として「専業主婦」を選んだとしても，何ら問題はない。むしろ，このような道を選択した女性を非難することは，女子差別撤廃条約や「リプロダクティブ・ライツ」及び「リプロダクティブ・ヘルス」概念からは否定されるのである。

　第3に，家族の絆がどのようなものであり，どのようにあるべきかの問題も，第1で述べたように，過去の価値観によって将来が規定されるべきものではないから，この観点からする批判も説得力はない。

　第4に，「リプロダクティブ・ライツ」及び「リプロダクティブ・ヘルス」概念を「革命思想」であり，「全体主義的」であるとする批判はあた

---

[42]　伊藤・前掲（注25）88-89頁。

らない。既に述べたように，これらの概念は，従来の社会においてみられた女性の管理と抑圧を排除するために主張されたものであり，女性がその生を生き生きとおくることができるような社会を形成することがその目的とされるのである。これは，従来の社会のあり方からするならば，「革命的」であるかもしれない。しかし，世界の人口の半分を占める人間がこのような管理と抑圧に服しているのであるから，それを温存しようとする考え方そのものが問題とされるべきである。

第 3 節　少 子 化

　2007年 1 月現在の世界人口は65億人を超え，ここ近年は加速度的に増加している[43]。ところが，現在の世界の人口問題に関して非常に雑駁な分類をすれば，先進諸国では出生率の低下（少子化）[44]が問題となっている。日本の合計特殊出生率は，2007年 1 月現在で1.29である（2005年は1.26で，2006年に一時的に出生率は上昇している）。これに対して，途上国では増え続ける人口（人口爆発）が問題となっている。人口問題には正反対の事象が含まれているのである。そして，これら正反対の事象を解決する手段として，「リプロダクティブ・ライツ」及び「リプロダクティブ・ヘルス」概念が持ち出される。世界の人口問題は，国家の経済や環境，健康，安全，そして子どもたちの将来もかかわる問題であり，すべての人々に影響し，関係する問題であるといえる。

---

[43] 山口三十四『人口成長と経済発展―少子高齢化と人口爆発の共存―』（有斐閣，2001年） 3 頁。本書によると，人口が最初の10億人に達するのに，200万年（1830年）もの年月が必要であったが，その後各10億人ずつ増加するに要した年数は，100年（1930年），30年（1960年），15年（1975年），11年（1986年）へと急減したという。

[44] 現在の人口を，将来も維持するのに必要な合計特殊出生率である2.08（人口置換水準）を下回ると，人口が減少する社会となる。少子化とは，低い出生率で子どもの数が減ることを指す。厚生省大臣官房政策化監修，人口問題審議会編『人口減少社会，未来への責任と選択―少子化をめぐる議論と人口問題審議会報告書―』（ぎょうせい，1998年） 2 頁。

第 3 節　少子化　141

　本節では，特に日本の「少子化」の問題を概観することにより，「リプロダクティブ・ライツ」及び「リプロダクティブ・ヘルス」とどのような関係性があるのかを考察する。

第 1 項　少子化の要因と影響

　日本の合計特殊出生率は2005年に1.26となり，先進諸国の中でも急激な少子化が進んでいる。少子化の問題は，高齢化とともに進行している。日本社会で，少子化の傾向が統計に現れはじめたのは1970年代半ばであるが，1989年に合計特殊出生率が1.57となった際に，政界や財界から，「女性の高学歴化や就業が出生率の低下をまねいた」という趣旨のコメントがなされた（いわゆる1.57ショック）。このようなコメントの背景には，「女性は夫＝父親を慰安し，子どもを育て，老親を守るために家庭を守る人」[45]であると確信する人々の危機感をまねくような動向があった。

　先進諸国で懸念されてきている少子化の要因は何か。1997年に政府の人口問題審議会が提出した報告書[46]は，日本における少子化の要因として次の 2 点をあげている。第 1 は未婚率の上昇（晩婚化の進行と生涯未婚率の上昇）である。育児の負担感，仕事との両立の負担感等が女性の未婚率を上昇させているとしている。第 2 の要因は，夫婦の平均出生児数と平均理想子ども数との乖離である。育児の負担感，仕事との両立の負担感のほか，経済的負担なども理想の子ども数を持たない要因であるとされるのである。そして，このような少子化の要因の背景として，個人の生き方の多様化，女性の社会進出とそれを阻む固定的な男女の役割分業や雇用慣行等があるとされている。

　少子化が社会に与える影響としては，どのようなものがあるだろうか。前記の人口問題審議会は，少子化が経済面・社会面で概ねマイナス面で影響を及ぼすとしている。それによれば，経済面での影響としては，①労働

---

[45]　目黒依子「女性の高学歴化とジェンダー革命の可能性」目黒依子＝矢沢澄子編『少子化時代のジェンダーと母親意識』（新曜社，2000年） 9 頁。

[46]　人口問題審議会・前掲（注44） 2 -51頁。

力人口の減少と経済成長―経済成長率低下の可能性―，②国民の生活水準への影響―現役世代の手取り所得が減少する可能性―がある。また，社会面での影響として，①家族の変容―単身者や子どものいない世帯が増加する―，②子どもへの影響―子どもの健全成長への影響が懸念される―，③地域社会の変容―基礎的な住民サービスの提供も困難になる―があるという。

第2項　少子化対策基本法

このような状況に対処するため，日本では，2003年6月に「少子化対策基本法」が制定された。同法は，同月の通常国会会期末に突如として審議入りし，可決されたものであるが[47]，もともとは，1999年12月10日に，第146国会に提出された法案の延長線上にあるものである。この法案は，自民，民主，公明，自由及び改革（いずれも当時）の超党派で衆議院に提出され，衆議院の内閣委員会に付託されたが，第147国会の解散に伴い，審議入り（趣旨説明なし）しないまま廃案になった。

しかし，この法案は，2001年の通常国会終了間際の6月19日に，少子化社会対策議員連盟の議員立法として衆議院に提出され，再び継続審議となった後に，2003年に可決された。法案提出者は，自民や民主，公明などの議員であり，中山太郎，荒井広幸，西川京子，福島豊，井上喜一，五島正規，肥田美代子，近藤基彦，栗屋敏信（いずれも衆議院議員）の9名である。これらの議員は，共産党を除く超党派の国会議員による「少子化社会対策議員連盟」（会長・中山太郎自民党衆院議員）に属する議員である。

少子化対策基本法の内容は，1999年に提出された法案と変わっていない。1999年の法案は，国と自治体に少子化対策の策定と実施の責務を，企業に協力の責務を課す。また，法案は，国民の責務として「家庭や子育てに夢を持ち，かつ，安心して子どもを生み育てることができる社会の実現に資するよう努める」と規定していたが，女性議員らの働きがあって「…子ど

47　朝日新聞2003年5月23日朝刊。
48　日本経済新聞2003年7月23日夕刊。

第3節　少子化

もを生み，育てること…」という文言に変更された[48]。

　少子化対策基本法案に対し，日本弁護士連合会（日弁連）は，2001年9月に「『少子化対策基本法案』に対する意見書」[49]を提出した。日弁連は，この意見書のなかで，以下のように述べている。

　　法案は，少子化の原因分析が不十分かつ恣意的であり，国民の意識の変革を強調するあまり，女性の自己決定権に対する認識を欠いている。これは，世界的に確立されているリプロダクティブ・ヘルス／ライツの流れに反するものである。

　日本における少子化問題を検討する際に政府に欠如している視点は，「産める環境」の整備である。仕事を持つ女性の増加に伴い，働く女性の支援拡充が求められているが，保育園の待機児童数は増加の一途をたどっている。

　また，少子化の原因の一つとされている女性の晩婚・晩産に理由がないわけではない。仕事と子育てが両立できる社会づくりが必要なのである。政府が策定した「エンゼルプラン」は，子育て支援策を打ち出しているが，あまり効果をあげているとは思われない。

　さらに，婚外出産に対する理解を深める必要があるように思われる。世界的にみて家族の形態は多様化している。婚外出産や非婚化といった事実婚を奨励する必要はないが，未婚の母やシングルマザーが差別を受けない社会の構築が必要であろう。そのためには，非嫡出子の問題や児童手当，戸籍制度など，抜本的に見直さなければいけない問題は多い。

　「リプロダクティブ・ライツ」及び「リプロダクティブ・ヘルス」は，「すべてのカップルと個人が自分たちの子どもの数，出産間隔，及び出産する時を責任をもって自由に決定でき，そのための情報と手段を得ることができるという基本的権利」を保障する。この権利の観点からみるならば，個々人の自由な決定の結果として，子どもをもたず，また，1又は2名の子どものみをもつことになったとしても，それは何ら非難されるべきことではない。少子化対策は，個々人がこの権利を行使し，その結果として，

49　http://www.nichibenren.or.jp/ja/opinion/report/2001_33.html　（2007年1月アクセス）。

出生率が向上するようにするというのが，「リプロダクティブ・ライツ」及び「リプロダクティブ・ヘルス」概念の求めるところであり，そのための社会環境整備に努めることが対策の核心でなければならないのである。そのような視点を欠いた少子化対策は，国家の側からの「平成版産めよ増やせよ」の大号令にしかすぎない。

第4節　優生保護法改正

第1項　優生思想[50]

　プラトンは，真のユートピアを追求するために，『国家（共和国）』のなかで，民族の全体的遺伝素質の劣悪化を阻止すべきだと考えていたという[51]。つまり，優生学的に家族の大きさを制限する法律の必要性を説いたのである。同様にアリストテレスも，国家によって強制された場合以外の中絶を暗黙のうちに否定しており，中絶の唯一の公的目的は人口統制であったという[52]。つまり，生命を国家目的よりも低くみていたといえよう。

　このような優生学的思想は，その後何世紀にもわたって支持されてきたが，1883年に，チャールズ・ダーウィンのいとこであるフランシス・ゴルトンが「優生学（eugenics）」という言葉を創り出したことにより，それが学問分野としての立場を得ることとなる[53]。ゴルトンによって大枠が規定された優生学は，徐々に，様々な国家に浸透し，社会的・政治的影響を及ぼすようになった。その主軸は「積極的優生学」と「消極的優生学」であ

50　米本昌平ほか編『優生学と人間社会──生命科学の世紀はどこへ向かうのか──』（講談社，2000年）13頁。
51　保木本一郎『遺伝子操作と法』（日本評論社，1994年）4頁。
52　ローゼンブラッド・前掲第1章（注7）79頁。
53　米本・前掲（注50）14-15頁。ゴルトンは，「優生学」を「ある人種（race）の生得的質の改良に影響する全てのもの，およびこれによってその質を最高位にまで発展させることを扱う学問である。」と定義し，学問の活動としては「遺伝知識の普及，国家・文明・人種・社会階層の消長の歴史的研究，隆盛を極めている家系についての体系的な情報収集，結婚の影響を行うこと」とした。

第4節 優生保護法改正

る[54]。積極的優生学とは，多くの場合，家族政策と社会政策によって，出産や社会衛生，婚前診断書を普及させることによって医学的な結婚統制を奨励することである。消極的優生学とは，工業化された国の大部分において取り入れられ，第2次世界大戦後までに，①不妊手術，②移住，③ユダヤ民族の「最終的解決」の前触れとなる強制的又は「穏やかな民族虐殺」の3つが含まれる。

消極的優生学は，第1次世界大戦後のアメリカの優生学運動（断種法の成立や移民制限等）に代表されるような形で引き継がれ，ナチスドイツのユダヤ人600万人の大量殺戮（holocaust）に結びついていく。しかし，第2次世界大戦直後のナチズム解釈の文脈では，暴力的圧政とユダヤ人の大量殺戮がナチズムの悪行の核心であると考えられ，優生政策それ自体は非難の対象にならなかった[55]。例えば，ニュールンベルグ裁判の訴追理由[56]には優生政策は入っていない。ニュールンベルグ裁判[57]の訴追理由は，「平和に対する犯罪（Crime against peace）」，「通常の戦争犯罪（War crimes）」及び「人道に対する犯罪（Crime against humanity）」の3点である。優生政策が「人道に対する罪」に含まれるかどうかは解釈の余地がある。「人道に対する罪」とは，一般市民に対する殺害・殲滅・奴隷化・追放その他の人道的行為，又は政治的・人種的・宗教的理由にもとづく迫害の罪をいう。その後，1948年に採択され，1951年1月に効力が発生した「集団殺害罪の防止及び処罰に関する国際条約」（ジェノサイド条約）では，その第2条で「集団殺害とは，国民的，人種的，民族的又は宗教的集団を全部又は

---

54 これらの分類については，以下の書物を参照。クレール・アンブロセリ（中川米造訳）『医の倫理』（白水社，1994年）53頁。

55 米本・前掲（注50）46-47頁。

56 *AJIL*, Vol.41 (1947), p.172ff.

57 ニュールンベルグ裁判と「国家の国際犯罪」と「個人の国際犯罪」については，以下参照。木原正樹「「国家の国際犯罪」としての侵略―法典化の歴史的および理論的検討―」立命館法学第273号（2000年第5号）2294-2367頁。また，同「『個人の国際犯罪』としての『侵略の罪』―国家の『侵略』を構成要件要素とする『侵略の罪』に基づく個人の処罰―」立命館法学第278号（2001年第4号）1154-2005頁。

一部破壊する意図をもって行われた次の行為のいずれをも意味する」とし，特にそのｄ項では，「集団内における出生を妨げることを意図する措置を課すること」をあげている。このなかに優生政策を含めることは可能であるが，それ以前の段階にみられた優生政策が問われることはなかったのである。

その後の優生学の問題として特筆すべきは，アメリカ及び北欧の断種である。断種手術を避妊の手段として最大限に活用したのはアメリカである。例えば，1970年代前半だけで230万人の女性が不妊手術を受けている。アメリカ政府は一部避妊目的で補助金をつけたが，結果的にその利用者は非白人女性に偏っていた[58]。そのため，後に巧妙な人種差別ではないかと批判された。

また，福祉国家先進国といわれてきた北欧の断種問題は，1997年8月に至って世界的に知られるようになる[59]。例えば，スウェーデンでは，第2次世界大戦後から1975年までの間に約6万3000人の男女が断種手術を受けさせられた。その93％が女性であったとされる。また，その総数のうち約半数が自主的に手術を受けたとされるが，9％は同意なしの手術であった。

スウェーデン断種法は，ある者が「その精神疾患，精神薄弱，その他の精神的欠陥，又は反社会的な生活様式のために，将来，子どもの養育には不適当であることが明白な場合」に不妊手術を認めた。不妊手術の対象とされた者は，多くが知的障害者であったが，その他にも，スウェーデン国内においてエスニック・マイノリティーとされたロマ，シンティ及びタッタレの人々が，同法が定める「反社会的な生活様式」の対象者とされた[60]。スウェーデン人とは異なる「タッタレ」の生活様式が，多分に遺伝によっ

---

[58] 米本・前掲書（注50）46-47頁。
[59] 1997年8月20日，スウェーデンの日刊紙「ダーゲンス・ニーヘーテル」がつい最近まであった事実として，強制不妊手術の実態を報道した。なお，本件に関しては，二文字理明＝椎木章編著『福祉国家の優生思想―スウェーデン発　強制不妊手術報道―』（明石書店，2000年）が詳しい。
[60] 市野川容孝「福祉国家の優生学―スウェーデンの強制不妊手術と日本―」世界1999年5月号167頁-176頁参照。

て決定されており、それらの者に対する同化政策はスウェーデン社会に否定的な結果しかもたらさず、むしろその子孫を減少させる不妊手術の方が望ましい、とされたのである。

この報道の直後、スウェーデン政府は、本件に関する独自の調査委員会を発足させ、委員会調査部は1997年11月末、『スウェーデンにおける不妊手術問題 (1935-1975)』と題する中間報告を提出した。委員会調査部は、残された記録や被害当事者の証言などをもとに強制不妊手術の実態を調査した。スウェーデン政府は、1999年7月1日から2001年6月30日までの2年間に、被害者に対する謝罪ならびに補償 (17万5000クローナ) を行い、2000年9月末日までに1850人が申請し、1342人の審査が終了し、1127人へ補償の支給が決定している[61]。

第2項　優生保護法から母体保護法へ

(1) 優生保護法

優生思想をめぐる以上のような問題は、日本とも無関係ではない。まず、後に改正される「優生保護法」をみておこう。優生保護法は、第2次世界大戦前のナチス・ドイツの断種法を参考にして制定された「国民優生法」(1940年〔昭和15年〕) をもとにして制定されたものである。国民優生法の目的は、「悪質ナル遺伝性疾患ノ素質ヲ有スル者ノ増加ヲ防遏スルト共ニ健全ナル素質ヲ有スル者ノ増加ヲ図リ以テ国民素質ノ向上ヲ期スル事」であった。

この法律は、第2次世界大戦中、富国強兵政策の下で避妊と中絶を禁止し、多産を奨励した法律である。また同時に、障害者の出生を防ぐために、遺伝性の疾患のある子どもを産ませないようにした法律でもあった。つまり、①健全者の堕胎と産児調節 (避妊と不妊手術) を禁止し、②遺伝性素因及び「不健全素因」を持つ者に優生手術 (不妊手術) を施行し、③母子保健政策を強化したのである[62]。また、優良多子家庭の表彰・妊産婦手帳

61　二文字=椎木・前掲（注59）197頁。

による妊娠の届出制度等も開始された。

第2次世界大戦後，敗戦後の人口過剰を抑制し，また引揚者の強姦による中絶の規制緩和を求める声が高まった[63]。これを受けて，1947年8月の第1回国会に，社会党員の衆議院議員であった福田昌子，加藤シヅエ及び太田典礼により「優生保護法案」が提出された。法案の目的は，「母体の生命健康を保護し，且つ，不良な子孫の出生を防ぎ，以て文化国家建設に寄与すること」とされ，「悪質な遺伝性素質」や「遺伝性は明かでなくとも，悪質な病的性格，酒精中毒，根治し難い梅毒」などを有する者，さらには，ハンセン病療養所の収容者や，「病弱者，多産者，又は貧困者」で出生児が「病弱化し，あるいは不良な環境のために劣悪化するおそれ」がある場合までも，「不良な子孫」をもたらす原因とされ，中絶や不妊手術の対象とみなされていた[64]。

その後，1948年（昭和23年）に優生保護法が制定された。同法は，その目的として，「この法律は優生上の見地から不良な子孫の出生を防止するとともに，母性の生命健康を保護することを目的とする」と定めていた。この法律の下に，1996年までの間に少なくとも1万6520件の強制不妊手術が実施された[65]。

(2) 優生保護法の改正と母体保護法の成立

1994年のカイロ会議においては，日本の「優生保護法」が非難された[66]。このような国際社会からの非難を受けて，日本は，1996年に「優生保護法」を改正し，その名称も「母体保護法」に変更した[67]。参議院は，優生保護

62　丸本百合子＝山本勝美『産む／産まないを悩むとき——母体保護法時代のいのち・からだ——』岩波ブックレットNo.426（1996年）7-12頁。

63　引揚者の強姦被害と中絶の問題については以下参照。武田繁太郎『沈黙の40年』（中央公論社，1985年）。

64　松原洋子「〈文化国家〉の優生法」現代思想第25巻第4号（1997年）11-12頁。

65　江原・前掲第1章（注11）379-386頁。

66　国際社会からの非難につき，長沖暁子「政策に女の視点を入れるとは？」インパクション89（1994年）18-23頁。また，柘植あづみ＝市野川容孝＝加藤秀一「『優生保護法』をめぐる最近の動向」江原・前掲第1章（注11）375-390頁参照。

第4節　優生保護法改正

法の改正にあたって付帯決議を行った[68]。付帯決議では、「リプロダクティブ・ヘルス／ライツの観点から、女性の健康等に関わる施策に総合的な検討を加え、適切な措置を講ずること」が求められた。日本の法令が、「リプロダクティブ・ライツ」及び「リプロダクティブ・ヘルス」の観点から改正されたのは、これが初めてのことである。

優生保護法から母体保護法への主な改正点は、次の4点である。①法文から「不良な子孫の出生防止」を削除したこと、②「優生手術」という文言を「不妊手術」という文言に変更したこと、③不妊手術と妊娠中絶の許可条項から、遺伝性疾患や精神疾患などの優生的理由を削除したこと、及び④優生相談所の廃止等である。

母体保護法は、その第2条第2項で、「この法律で人工妊娠中絶とは、胎児が、母体外において、生命を保続することのできない時期に、人工的に、胎児及びその附属物を母体外に排出することをいう」と定めている。しかし、人工妊娠中絶の定義要件である「生命を保続できない時期」の特定について、特段の定めを置いていない。その時期の特定や変更は、厚生省事務次官の通達によって行なわれている[69]。この通達により、1990年（平成2年）1月1日以降、人工妊娠中絶を実施する時期の基準は、満24週未満から22週未満に改められた。従来の通達をみれば、1953年（昭和28年）6月18日には7ヵ月未満（すなわち28週未満）とされ、1976年（昭和51

67　丸本・前掲（注62）。このなかで、優生保護法が母体保護法に改正されるまでの動きについて詳細な記述がある。

68　「優生保護法の一部を改正する法律案」として、1996年6月14日衆議院本会議にて可決、同年6月18日参議院本会議にて「附帯決議」とともに可決される。この附帯決議は、次のように述べる。以下引用。「優生保護法の一部を改正する法律案に関する参議院附帯決議（1996年6月17日　政府は、次の事項について、適切な措置を講ずるべきである。一、この法律の改正を機会に、国連の国際人口開発会議で採択された行動計画及び第4回世界女性会議で採択された行動綱領を踏まえ、リプロダクティブヘルス・ライツ（性と生殖に関する健康・権利）の観点から、女性の健康等に関わる施策に総合的な検討を加え、適切な措置を講ずること。　右、決議する。」。

69　もちろん、優生保護法時代の通達ではあるが、現在でも有効なものである。

年）1月には，これを6ヵ月未満（すなわち24週未満）とされている。このような変更の理由は，近年の医療（保育）技術の進歩によって，基準日に生まれた未熟児でも生育の可能性が出てきたためであるとされている[70]。

「リプロダクティブ・ライツ」概念には，「すべてのカップルと個人が自分たち子どもの数，出産間隔，及び出産する時を責任を持って自由に決定でき，そのための情報と手段を得ることができるという基本的権利」や，「差別，強制，暴力を受けることなく，生殖に関する決定を行うことができる権利」などが含まれる。そのため，「科学的進歩を享受する権利」や「情報への権利」，「教育についての権利」，「差別からの自由」などが保障されなければならない。

このような観点からみた場合，優生保護法には次のような問題点があった。第1は，優生保護法案の目的とされた「母体の生命健康を保護し，且つ，不良な子孫の出生を防ぎ，以て文化国家建設に寄与すること」とは，母体の生命健康保護と不良子孫の出生防止が，文化国家の建設に結びつけられていることである。上記の諸権利は，個人の権利として認められたものであり，このような思想は，「リプロダクティブ・ライツ」及び「リプロダクティブ・ヘルス」概念とは相容れない。国家目的の強調は優生思想そのものに直結するものであり，それとの関連で，「優生保護」という名称自体も適切ではない。

第2は，優生保護法が定める「不良な子孫」という概念の不明確性である。「不良な子孫」の意味は，科学の進展に応じてその内容が変化する不確定概念である。例えば，優生保護法案の提案目的において中絶や不妊手術の対象とされたハンセン病療養所の収容者などは，今日では中絶や不妊手術の対象ではあり得ない。人の生命・身体にかかわる法律において，「不良な子孫」という文言はあまりに広範にすぎる。

第3に，同じく，優生保護法案の提案目的とみなされた，「病弱者，多産者，又は貧困者」であって出生児が「病弱化し，あるいは不良な環境の

---

[70] 我妻堯「医学から見た人工妊娠中絶をめぐる諸問題」日本医事法学会編『医事法学叢書5　医療と生命』（日本評論社，1986年）75-76頁。

第4節　優生保護法改正　151

ために劣悪化するおそれ」がある場合についても問題がある。「リプロダクティブ・ライツ」及び「リプロダクティブ・ヘルス」の概念，また，憲法第25条の基本的理念が求めるところによれば，「病弱者」や「多産者」，「貧困者」らにあってはその本人に対して，出生後「病弱化し」，「劣悪化するおそれ」のある子どもについてはその子どもに対して，国家が積極的に健康対策や避妊対策，社会保障政策などを展開することによって，問題の解決がはかられなければならない。これを個人の中絶や不妊手術によって解決しようとすることには，きわめて問題が多い。

以上のようなことに鑑みれば，優生保護法の改正によって，法文から「不良な子孫の出生防止」が削除されたこと，「優生」保護法の名称変更と「優生手術」の「不妊手術」への変更，不妊手術・妊娠中絶の許可条項から，遺伝性疾患や精神疾患などの優生的理由を削除したことは，一定の前進であると評価することができる。

もっとも，母体保護法にも問題は残っている。第1に，人工妊娠中絶の実施時期の決定が通達によって行われていることである。通達とは，一般に，上級行政機関がその監督権の一環として，下級機関の権限について指図するため発する命令であり，効力は行政組織の内部にとどまり，外部に対しては法的効果をもつものではないと解されている[71]。通達は，母体保護法第14条で定める，人工妊娠中絶を行う「指定医師」を直接に規律するものであるが，間接的には女性が規律されるともいえるのではないであろうか。また，このような重要な問題を通達によって行うことにも問題があるように思われる。現在妊娠21週まで可能である中絶が，今後の科学技術等の発展により簡単に妊娠中絶の期間が短縮される恐れがないとはいえないのである。女性の中絶可能である時期（選択の可能性）について，何故現在の中絶可能時期21週となったか，またその通達が適正であるかについても，これまで第三者機関からのチェックが入ってきた経緯はない。また，中絶期間の通達それ自体の適正性も問われてきていないのであるから，今後は中絶期間についても，パブリックコメント等を通じた女性の意見を取

71　高田敏編著『行政法―法治主義具体化法としての―［改訂版］』（有斐閣，1994年）155-158頁。

り入れる必要があるのではないだろうか。

　第2に,「リプロダクティブ・ライツ」概念によれば,女性の健康は,母になる,ならないにかかわらず,保障されなければならないのであり,さらに,女性の人格にも関わる問題を「母体」と限定して表現するなど,この法律の名称自体にも問題がある。母体保護法の第1条の目的は「この法律は,不妊手術及び人工妊娠中絶に関する事項を定めること等により,母性の生命健康を保護することを目的とする」としており,「母性」としていることは「母」となり得る「性（生殖機能）」を持っていることであるといえる。また,第14条（医師の認定による人工妊娠中絶）は,中絶が可能な条件として「(1)二　暴行若しくは脅迫によつて又は抵抗若しくは拒絶することができない間に姦淫されて妊娠したもの」をあげている。この規定によれば,「母体」を理由とする保護のみを想定しているのではないと考えられる。また,第15条（受胎調節の実地指導）では,避妊の手段・方法について規定しており,これも「母」の「体」のみを想定しているとは思されない。

第5節　中絶問題

　中絶（堕胎）行為が,殺人や傷害から独立して可罰的行為とされるようになったのは,キリスト教,つまりカノン法以降とされる。カノン法は,「やがて人間になるもの,すでに種子に宿る果実のすべてが人間である」とし,まだ生まれていない人間とすでに生きている人間を同一視したため,中絶を殺人罪とみなしたのである。このカノン法の影響を受けて,中世以降の欧米の国々では,中絶を殺人としての嬰児殺に相当するものとして,中絶を行った者を堕胎罪として厳罰に処したのである[72]。堕胎とは,「刑法上は妊娠（受胎）の日から自然分娩に至るまでの間に,自然分娩に先立

---

[72] L.Gordon, Why Nineteenth–Century Feminist Did Not Support "Birth Control" and Twentieth–Century Feminist Do: Feminism, Reproduction and the Family in B. Thorne, and M. Yalom, *Rethinking the Family – Some Feminist Questions* (Longman, 1982), p.45.

って胎児を母体内で殺し，または母体外に排出すること，と解されている」[73]。また，堕胎罪の保護法益は，胎児の生命・身体，女性の生命・身体，生まれる子どもに対して父母が共同でもつ利益，人口維持に対する国家の利益，善良な性風俗の維持等[74]が挙げられる。

中絶は，国家や女性，男性，医師など，さまざまな人々が関連してくる問題である。そのうち，中絶を行うことを決定することができる者は誰か。また，日本の刑法の堕胎罪規定には問題はないか。以下では，このような問題について検討を加える。

第1項　中絶の決定権者

まず，中絶を決定し得る者はだれか。ここでは，この点に関して，①国家と個人，②女性と男性，及び③女性と胎児，という3つの関係についてそれぞれ若干の検討を加えたい。

(1) 国家と個人

まず，人々のリプロダクションに関わる行為に関して国家が介入することが許されるかどうかが問題となる。本来，「リプロダクティブ・ライツ」概念は，女性健康運動のなかから，個人が国家に対して主張しうる権利としての女性の自己決定権として提唱されたものである。避妊をする自由と堕胎罪の廃止を求め，子供を産むことに関する決定権は国にはなく，女性にあるとする考え方である。世界的な女性運動が進むなかで，中絶が非合法とされる国家では，①妊産婦死亡率が高いこと，②ヤミ中絶で体をこわしてしまう女性が多いこと，③避妊手段が満足に手に入らない状態における性行為が危険であることなど，国家によって性と生殖が管理される状態が女性の健康と生命を脅かしている，ということがわかってきたからであ

---

[73] 中谷瑾子『21世紀につなぐ生命と法と倫理—生命の始期をめぐる諸問題—』（有斐閣，1999年）41頁。
[74] 金城清子『生命誕生をめぐるバイオエシックス—生命倫理と法—』（日本評論社，1998年）11頁。

る[75]。このようにして,「リプロダクティブ・ライツ」は,女性自身の権利であるという主張が,女性健康運動の核心に位置するようになってきたのである[76]。

「リプロダクティブ・ライツ」概念の観点からみれば,中絶を行うかどうかの決定は基本的には個人が行うべきものであって,国家による中絶の禁止も,強制的な中絶も,いずれもきわめて抑制的になされなければならないはずである。近時の国際文書においても,子どもの有無,及びその数と出産間隔の決定権がカップル又は個人にあるとされていることは,すでにこれまでに検討したとおりである。従って,生殖の自由(reproductive freedom)及び生殖の権利(reproductive rights)とは,人々の生殖行為に関する自由を意味するのであり,個人の最も私生活の選択に関わる問題であるから,これに対して国家はみだりに介入してはならず,これはプライバシーの権利の一つであるとする見解[77]が支持されるべきであろう。

(2) 女性と男性

次に,リプロダクションの選択権が,基本的には,国家ではなく個人に属するとするならば,個人のうち女性と男性のどちらに優先権が与えられるべきかが問題となる。

ローマ法の時代の法律は,ある種の女性に中絶を強制することや,胎児や新生児を生かすか殺すかなどの決定を,すべて家父長又は家長の権限に委ね,それにより,自由民である女性の家族生活を支配していたという[78]。そこでは,中絶は父親の意思に逆らって行われた場合にはじめて犯罪とさ

---

75 United Nations, *The World's Women 2000*, pp.39-40.
76 ヤンソン・前掲序章(注6)12-13頁。
77 金城清子『生殖革命と人権―産むことに自由はあるのか―』(中公新書,1996年)118頁。
78 ローゼンブラッド・前掲第1章(注7)66-126頁。このなかで,著者は中絶の歴史について詳述している。古くは,紀元前1500年以前のヒンドゥー教,紀元前約2000年の古代ギリシャのシュメール法典,紀元前約1800年のハムラビ法典等に始まり,旧約聖書,新約聖書,更に19世紀のナポレオン法典,そして現在のアメリカの状況までを,「矛盾だらけの歴史」と名付け,分析している。

第5節　中絶問題　155

れた。その後の歴史が示すように、いつの時代においても、一部の例外を除いて[79]、リプロダクションの決定権は男性が握り、男性が女性の運命を決定し、支配してきたといえる。

1997年の国連人口基金（UNFPA）のレポートによれば、「リプロダクティブ・ライツ」は、男性と女性の双方の権利である[80]。また、その他の国際文書の多くもそのような規定を置いている。従って、中絶の可否の決定も男女（カップル）[81]の権利であるといえる。

しかし、問題は、男女間でその選択が異なる場合である。1992年のアメリカ連邦最高裁判所のキャセイ判決[82]は、基本的にロウ判決[83]を支持しつつも、診断後堕胎手術までの24時間の熟慮期間の義務付けを合憲とした。しかし、夫への告知の義務付けは、堕胎を望む女性に対する「不当な重荷（undue burden）」になるという理由で、違憲とした。夫の影響力が妻に及ぶことを排除する意図がそこにある[84]。

判決のこのような考え方は、「リプロダクティブ・ライツ」概念と整合的であると評価することができる。男性と女性で選択が異なる場合には、最終的には女性の決定権が尊重されるべきであろう[85]。もとより、中絶・堕胎の問題は女性のみの問題ではなく、パートナーである男性にも影響を

79　ローゼンブラッド・前掲第1章（注7）104頁。
80　UNFPA, *State of World Population 1997 : The Right to Choose*, pp.5-12.
81　このカップルという表現に関しては、別に男性—男性であっても、女性—女性もあり得るという説もある。男女共同参画審議会第3部会第12回議事録参照。
82　*Planned Parenthood of Southeastern Pennsylvania v. Casey, 112 S. Ct. 2791.* (1992) これについては、樋口範雄「妊娠中絶規制に関する最新判例」法学セミナー455号（1992年）10-11頁参照。また、大石・前掲第1章（注15）（二）。また、以下の論考を参照。石井・前掲第1章（注16）155-160頁。藤井樹也『「権利」の発想転換』（成文堂、1998年）281-286頁。
83　*Roe v. Wade, 410 U.S. 113.* (1973) これにつき、大石・前掲第1章（注15）（一）参照。
84　井上達夫「胎児・女性・リベラリズム―生命倫理の基礎再考―」江原・前掲第1章（注11）90頁。

及ぼすものであるから，両者の間で十分な意思疎通と話し合いがもたれるべきであり，それが望ましいことはいうまでもない。しかし，男性と女性の間には，その生殖機能において本質的な差があり，女性のみが「産む性」なのである。いうまでもなく，現在の一般的な生殖活動においては，男性の参加は不可欠である。しかし，「産む」という行為を行うのは現在のところ女性のみであり[86]，妊娠・出産の行為主体が女性である以上，女性の決定権が尊重されるべきである。また，女性が中絶を行うかどうかを最終的に決定する際には，その優先的決定権は女性にあるのであり，そこに男性の不当な影響力が加わることを排除することも，「リプロダクティブ・ライツ」の求めるところであろう。

85　これにつき，辻村みよ子『女性と人権』（日本評論社，1997年）246頁。

86　小寺初世子「二つの『差別撤廃条約』とその将来についての試考—人種差別と女性差別—」鹿児島大学法学論集，第23巻第1・2合併号。209-210頁。このなかで，小寺氏は人種差別と女子差別を比較し，以下のように述べている。「人種差別においては，比較されるいかなる二つの集団にも，「本質的」な差は存在しない。たしかに集団を構成している人間の間には，たとえばA人種集団は一般に背が高いのに対してB人種集団は低いとか，皮膚の色の濃淡とか，様々な相違点が指摘されうるであろう。しかし，そうしたものは，「本質的」な違いではないのである。これに対し，女子差別の場合，男子と女子の間には，その生殖機能において大きな相違があり，これをしも「本質的」な差ということができる場合があるように思われる。もちろん，男女の間であっても，いわゆる人間として見た場合，両者の間に，とくにその尊厳においては，絶対に差があってはならない。しかし，体形の大小，筋肉の多少，等々といった点で，男女間にいくらかの差があるのは，むしろ当然である。ただ，そうした差があっても，それが男女間の「本質的」な差であるとはいえないだけのことである。しかし，こと生殖機能における男女の差ということになると話は違ってくる。つまり，女性だけが産む性だということである。たしかに，男性もそれに参加する必要があるとはいえ，人間の生殖において，「産む」のは，実際のところ，女性だけである。しかも人間は胎性動物であるため，男女の，生殖作用によるこの差は，かなり本質的なものとなる。すなわち，女性は妊娠中，長期にわたって活動を制約されるだけでなく，出産後も哺乳という形において，再び時間の拘束を受けることとなる。育児にかかわるほかの仕事は男女間に分けることが出来ても，母乳を与えるという作業だけは分担不可能である。」

第5節　中絶問題　157

(3)　女性と胎児

最後に，女性と胎児の関係である。女性の権利と胎児の権利が問題となるのは，当該女性が妊娠した場合のみであるが，妊娠した女性にリプロダクションの選択権が与えられた場合，女性の選択権と胎児の権利（生命権）とは，どのような関係になるのか。

古代ローマでは，すでに共和政期から，堕胎に対する否定的な態度や感情があり，道義的な次元で殺人と考え，罪悪感を抱く傾向が強かったとされる。また，古代ギリシャでも，堕胎が犯罪的行為であるかは，胎児の生命をどのように考えるかに左右されていたといわれる[87]。しかしながら，堕胎がローマ法で処罰の対象となる犯罪とみなされていたわけではない。人々は堕胎を道義的に罪悪とみなしたのであり，刑法上は問題とされなかった[88]。先にみたように，その後，キリスト教の普及とともに，胎児は生命とみなされるようになり，堕胎にどのような態度で臨むかは，胎児の生命の発生段階のどこにあるかにかかってくることになる[89]。

近代に入ってからの教会の動きとしては，1974年にローマ教皇庁教理聖省が「堕胎に関する教理聖省の宣言」を出し，また，1987年にも同省より「生命の始まりに関する教書」が出されている[90]。

女性の自己決定権と胎児の生命権との関係は，宗教的・道徳的・倫理的問題がからむ問題であり，時代や場所により，社会や個人の価値観も異な

---

[87] 本村凌二『薄闇のローマ世界―嬰児遺棄と奴隷制―』（東京大学出版会，1993年）127-139頁。このなかで著者は，古代ローマ人や古代ギリシャ人の避妊，堕胎，嬰児殺，嬰児遺棄等の習慣について詳細な検討をしている。

[88] 本村・前掲161頁で，堕胎をめぐる法的制裁についての事例が述べられている。それによると，「堕胎をめぐる法的制裁は，セプティミウス＝セウェルス帝とカラカラ帝の治世に最初の事例がみられる。ひとつは，離婚後夫の意志に反して堕胎した女性に関するもの（Dig. XLVII 11,4. XLVIII 8, 8. 19,39）であり，もうひとつは，悪意がなくても流産薬や媚薬を与えた者に関するもの（ibid XLVIII 19, 38, 5）である。前者の場合は，夫権の損傷に対して課せられた処置であり，後者の場合は，薬物の使用によって服用者を死に至らしめた者に対する処罰である。それゆえ，堕胎そのものがローマ法上の処罰の対象になったのではないことは明らかである。」と述べられている。

ってくるものであるから,「リプロダクティブ・ライツ」及び「リプロダクティブ・ヘルス」概念を用いることによっても,一義的に解決しうる問題ではない。また,国際人権法も胎児の生命権を無視してはいない。例えば,自由権規約第6条第5項は妊娠中の女性に対する死刑の執行を禁止するが,これは,胎児の生命権を尊重する趣旨であると考えることができよう。ただ,「リプロダクティブ・ライツ」及び「リプロダクティブ・ヘルス」概念が,女性の自己決定権を認める以上,胎児の生命権のみが優先されると考えるべきではないであろう。この点で,胎児の生育時期に着目する議論は検討に値する。

そのようなものの一つとして,R.ドゥオーキンの主張がある。ドゥオーキンによれば,初期胎児は固有の利害を持たないから,権利主体ではない。これに前提とするならば,堕胎の是非をめぐる従来の対立の真の争点は,初期胎児については厳密な意味での胎児の生命権の有無ではなく,個人権から独立した,「内在的価値（Intrinsic values）」の一種としての「各々の人間生命の尊厳（the sanctity of each human life）」の解釈をめぐる対立であるという。後者の権利は,葛藤ではなく,「何が神望か」をめぐる宗教的・世界観的対立であり,諸個人の人生全般を意味づける,根源的な実存的問題に関わっているから,国家は諸個人がこの問題を真剣に捉え,熟慮する責任を引き受けることを要請し,支援することはできるとしても,国家が特定の解答を肯定し,法的に強制することはできないとする。この観点から,ドゥオーキンは,ロウ判決からキャセイ判決へと続くアメリカ憲法判例の方向を基本的に支持しつつ,女性のプライヴァシー権（自己決定権）に加えて,修正1条の宗教的自由保障条項を堕胎への権利の憲法的根拠に

---

89 ローゼンブラッド・前掲第1章（注7）85頁。著者は,このことを「思想上の近代」に入ってきたと述べている。また,最も古いキリスト教の中絶に関する文献として,使教徒父文書の「12使徒の教訓〔ディダケー〕」と「バルナバの手紙」をあげている。これらの教父文書は,中絶が謀殺であると言い切り,誰も中絶を選ぶための権威を持つべきではないし,いかなる目的をもってしても,中絶は正当化できないと述べている。

90 内山雄一編『資料集 生命倫理と法』（太陽出版,2003年）73-85頁。

することを提言している[91]。

　また，胎児が女性の体外で生命を保持できない時期にあっては，胎児の生命権は妊婦の自己決定権の前に相対化され，この期間内であれば，女性が国家によって懐胎の継続を強制されないことが原則となるとする主張もある[92]。また，実際に，このような考え方をとる法制度もある。生命保持が可能かどうかに基づいて線引きをし，堕胎の合法性を時期によって決定する方法は，「期間モデル」とよばれるが，この期間モデルを採用している国家としてアメリカ合衆国[93]やフランス[94]などがある。これに対して，日本[95]やドイツ[96]などは，「適応事由」(堕胎の違法性を阻却しうる特段の事由)の有無で判断する，「適応モデル」を採用しているといわれる。

　先に述べたように，「リプロダクティブ・ライツ」及び「リプロダクティブ・ヘルス」概念の観点からみると，少なくとも，胎児の成長段階のいかなる時期においても中絶行為を禁止することは適切であるとは思われない。女性の自己決定権と胎児の生命権との適切なバランスが必要であり，上記のような主張にも十分な理由があるように思われる[97]。

第2項　刑法における堕胎罪

　日本の刑法は，その第212条において，「妊娠中の女子が薬物を用い，又は其の他の方法により，堕胎したときは，一年以下の懲役に処する」と定

91　R. Dworkin, *Life's Dominion – An Argument about Abortion, Euthanasia, and Individual Freedom –* (Vintage Books, 1994), p.7.（水谷英夫＝小島妙子訳『ライフズ・ドミニオン』〔信山社，1998年〕9頁参照)。

92　辻村・前掲（注85）246頁。

93　大石・前掲（注83）。

94　建石真公子「フランスにおける人工妊娠中絶の憲法学的一考察―1975年人工妊娠中絶法・身体の自己決定権をめぐって―」東京都立大学法学会雑誌第32巻1号（1991年）268頁。フランスにおいて妊娠中絶に関して主張される，生殖の自由としての生命への権利は，妊娠中絶を含む生殖・セクシュアリティをひとつのまとまった自由・権利として捉え，法的な保護を要求するものである。

95　本書第4章第2節第2項を参照されたい。

めている。堕胎罪[98]の規定である。この規定は、もとをたどれば1868年（明治元年）の堕胎禁止令（「産婆で妄りには薬を売りあるいは堕胎の取扱なすことを禁ずる」布告）に遡る[99]。これが、1882年（明治15年）に旧刑法の堕胎罪となり、1908年（明治41年）に現行刑法に引き継がれ、現在に至っている。

96 　小山剛「妊娠中絶立法と基本権（胎児生命）保護義務―ドイツ「妊婦及び家族扶助法」をめぐる憲法論を素材に―」名城法学第43巻（1993年）。他には、ペーター・レルヒェ（鈴木秀美訳）「連邦憲法裁判所の最近の基本判決における主要傾向」自治研究第71巻3号参照。この12-19頁で、ドイツ再統一後の妊娠中絶判決（1993年5月28日）について詳述している。そもそも、旧東ドイツでは妊娠12週以内の中絶は処罰されない、「期限モデル」を1972年より採用していたのに対し、旧西ドイツでは妊娠中絶は原則的に禁止という、「適応モデル」が1976年より採用されていた。そこで、統一ドイツの立法者に、法の統一を命じ、その結果「妊婦及び家族扶助法」が制定され、「期限モデル」を採用した内容であった。結局、当該判決では、妊娠初期の中絶を不処罰とすることを立法者に許した点では、「期限モデル」を許容したといえるが、それに付された諸条件に鑑みると、「適応モデル」にきわめて近い内容であるといわれている。

97 　しかしながら、女性の自己決定権の尊重と、胎児の生命権の尊重とを、相容れないものとみなすのがそもそも誤りとの指摘も存在する。井上・前掲90頁。

98 　生田勝義ほか編『刑法各論講義［第2版］』（有斐閣、1998年）42-44頁。堕胎罪の要件として、以下のように述べられている。「現行刑法上処罰されているのは、自己堕胎（212条）、同意堕胎（213条）、業務上堕胎（214条）、不同意堕胎（215条）の各行為であるが、このうち不同意堕胎のみは未遂が処罰され、また自己堕胎については致死傷の結果を生じた場合が加重処罰されている。……共通する要件である「堕胎」の意義について、通説・判例は、自然の分娩期に先立って人為的に胎児を母体外に排出することとしており、その方法は問わないとする。薬物を用いることも、外科的手術を行なうことも、場合によっては妊婦自ら自殺することさえも（ドイツの通説）、堕胎行為にあたるとされている。胎児を母体内で殺すこともその一方法ではあるが、胎児が生きて母体外に排出されたとしても堕胎罪は成立するとするのが通説・判例（大判大六・一・二六新聞一二三〇号二九頁）である。なお、自然の分娩期に先立つ時期の胎児は（妊娠一ヶ月の胎児であれ、一〇ヶ月のそれであれ）、すべての堕胎罪の客体となりうる。ただし、行為の時すでに死んでいた胎児については、堕胎罪の客体とはなりえないのである。」（上田寛執筆）。

堕胎罪規定は，場合により，「リプロダクティブ・ライツ」及び「リプロダクティブ・ヘルス」概念と相容れない思想によって正当化されることがある。例えば，現行刑法が制定される前年の1907年（明治40年）に，『国家医学会雑誌』に掲載された呉文聰による「堕胎論」と題する論文[100]では，次のように記されている。

> 国威を拡張するには人口を増やさなければならないから，堕胎が問題になる，人口を増やして領土を四方に広げていかねばならぬ，日本はヨーロッパ諸国に比べて死産が多いがそのなかには相当数の堕胎が含まれている，年間死産数15万人の半分でも助かれば，10年経つと一戦さが出来るし，70万人の人があったならば満州に行っても勢力を広げることができる。

この論文からは，当時の日本では，帝国主義的政策と，「産めよ増（殖）やせよ」の殖産興業政策，人口政策とが一体であったことをうかがうことができる。つまり，国家にとって堕胎罪は，その国力と国威の進展のために当然に必要となる刑罰類型である。このような考え方が，「リプロダクティブ・ライツ」及び「リプロダクティブ・ヘルス」概念と整合しないことは明らかである。

第2次大戦後の人口政策の転換にも問題はある。第2次世界大戦の敗戦以降，日本の人口政策は，「産めよ増（殖）やせよ」の政策から，人口抑止政策へと180度転換する。出産の奨励から抑制へという転換は，国民の産む，産まないの「リプロダクティブ・ライツ」，すなわち，国民の自己決定権を否認し，その決定権を国家がもつということにもつながりうる。

しかしながら，現在の日本社会において，刑法の堕胎罪規定は必要なのであろうか。堕胎罪が制定された当時からでは，およそ125年のひらきがある。その間に変化した社会情勢とともに，社会の価値評価にも変化がみられる。このような規定の必要性を，再考しなければならない時期にきているように思われる。1949年（昭和24年）には，人工妊娠中絶の適用条件

99　角田由紀子『性の法律学』（有斐閣，1996年）53-54頁。

100　一番ヶ瀬康子編『日本婦人問題資料集成第六巻』（ドメス出版，1983年）118頁。

に,「経済的理由により母体の健康を著しく害するおそれのあるもの」(いわゆる経済条項) が追加された。この経済条項は拡大解釈が可能であるため, 現在のところほとんどすべての妊娠中絶が, 合法的に行えるとされている。つまり, 母体保護法が堕胎罪の違法性阻却事由になっており, 堕胎罪で起訴されることは稀であり, 堕胎罪は事実上空文化しているという指摘もみられる[101]。しかしながら, 原則的に「堕胎は犯罪」であることに変わりはない。

また, 北京会議の行動綱領パラグラフ107(d)は,「女性がリプロダクティブ・ライツを行使するために必要な条件の確保するための行動をとること。強制的な法律及び慣行を撤廃すること」を求めている。また, 同綱領パラグラフ232(k)には「刑法及び刑事手続が, 加害者と被害者の関係に関わりなく, 女性に向けられ, 又は不均衡に女性に影響する犯罪から, 効果的に女性を守り, ……女性に対するいかなる差別をも撤回すべく, 必要に応じ, 刑法及び手続を見直し, 改正すること」を求めている。

前述のように,「リプロダクティブ・ライツ」及び「リプロダクティブ・ヘルス」概念は, 女性の自己決定権と胎児の生命権の衡量を求める。少なくとも, 胎児の成長時期を問わずに一律に堕胎罪に問うことには問題がある。また,「リプロダクティブ・ライツ」は第一義的にはカップルの権利である。そうだとするならば, 女性のみが不利益をこうむる理由はない。

---

101 生田・前掲 (注98) 43頁。

第5章 終　章

　以上，「リプロダクティブ・ライツ」及び「リプロダクティブ・ヘルス」概念について検討を加えてきた。最後に，これらをまとめるとともに，若干のことを付け加えて，本稿を終えたい。

　本稿では，まず，第1章において，「リプロダクティブ・ライツ」及び「リプロダクティブ・ヘルス」概念が出現してきた背景を検討し，次いで，両概念を構成する要素を抽出した。それによれば，両概念が国際社会に登場する背景は異なり，別個の概念であった。従って，このような背景を踏まえることなく安易に両者を混同することは許されない。ただ，これら両概念を構成する要素を抽出した結果，両概念に相当程度の類似性も認めることができ，両概念が実現しようとする目標も類似していることが判明した。従って，今後は，両概念の出現の背景の相違を認識しつつ，これを総合し，女性及び男性の一生涯にわたる性と生殖，つまりは，人生そのものの安全と充実などを確保するための諸権利の総体ととらえることが妥当である。

　第2章では，関連する国際文書の検討を通じて，この両概念が国際社会に登場し，発展してきた経緯を検討した。特に，両概念の核心に位置する「子どもの有無，その数と出産間隔を決定する権利」が，いつ，どのようにして登場し，発展してきたかをみた。それにより，この権利の萌芽は1960年代後半にみられ，徐々にその内容を明確にしながらその後の諸文書に受け継がれ，1990年代に至って，「リプロダクティブ・ライツ」及び「リプロダクティブ・ヘルス」概念の中核が位置づけられるようになったことが判明した。

　第3章では，まず，両概念を構成する諸権利が条約レベルでどの程度実

定法化しているのかを検討した。その結果，両概念を構成する権利，特に，その中核的な権利は，すでに人権条約において保障されていることが判明した。同時に，そのことが，この両概念の存在価値を減ずるものではなく，逆に，人権条約の関連規定の解釈を導くなどの重要な役割を演じうるものであることを指摘した。

これを受けて，人権条約の関連規定の実際の解釈傾向を確認するため，関係する人権条約の履行監視機関の実行を検討した。今日まで，この両概念に最も敏感に反応しているのは女子差別撤廃委員会であり，規約人権委員会及び児童権利委員会もこの両概念を構成する権利に関する解釈作業を行っているものの，未だこの両概念を十分に意識した活動を展開しているとはいえない。ただ，この両概念が明確に定式化されたのが1990年代半ばであることを考慮すれば，このことはある意味では当然であり，むしろ，今後，この両概念を利用することによって，その解釈活動を充実させる可能性もあると考える。今後の動向を注視しなければならない所以である。

第4章では，「リプロダクティブ・ライツ」及び「リプロダクティブ・ヘルス」概念と日本とのかかわりを検討した。日本では，国際社会の動向を受けて，この両概念を国内に取り入れ，それに基づく一定の政策を展開してきたということができる。また，それによって法令改正がなされた事例もあった。その意味では，この両概念は，日本にとって有意であり，必要な概念であったといえる。しかしながら，この両概念からみて，疑問のある法令や政策が存在していることも事実である。また，これら両概念及びそれに基づく政策を警戒し，さらには敵対するような動向もみられることを指摘した。

最後に，特に，この第4章との関連で若干のことを述べて，本稿の結びとしたい。以上のように，「リプロダクティブ・ライツ」及び「リプロダクティブ・ヘルス」概念は有用であり，必要な概念である。しかし，世界においても，日本においても，これを警戒し，又は敵対する立場があることは十分に意識しておかなければならない。特に，日本におけるこれらの立場にたつ論調について述べたように，これらの立場は，「リプロダクティブ・ライツ」及び「リプロダクティブ・ヘルス」概念に対する誤解もみ

られる。しかし，この両概念の不明確さに対する指摘は正当である。従って，今後は，この両概念に対する理解と認識をより深めるとともに，両概念を構成する諸権利とその性格をより明確に提示する必要がある。

　この点に関し，本稿は，「リプロダクティブ・ライツ」及び「リプロダクティブ・ヘルス」概念の大枠を確定するにとどまった。より精緻な理論構築が必要であり，それが今後の課題である。また，これら両概念に基づく義務や責務は国家のみが負うものではない。これら両概念を実現するためには，私人間における措置も必要である。本稿は，このような問題についても十分な議論を展開することができなかった。この点を含め，これら両概念に基づく義務内容の明確化作業も，今後の課題となる。

　「リプロダクティブ・ライツ」及び「リプロダクティブ・ヘルス」概念は，未だ誕生して間もないものであり，現在でも，発展しつつある概念である。といえる。本稿が，この両概念に関するより一層の研究の出発点となるとすれば，筆者の意図は一応は達成されたものと考える。

資料Ⅰ：リプロダクティブ・ヘルス及び自己決定に対応する国際人権文書の規定

権利＼国際文書	生命及び生存	自由及び安全	最高水準の健康	科学的進歩の享受	情報	教育	婚姻及び家族形成	私生活及び家族生活	性的差別	高齢	障害者
世界人権宣言	3	1, 3	25	27(2)	19	26	16	12	1, 2, 6	1, 2, 6	1, 2, 6
自由権規約	6	9	na	na	19	na	23	17	2(1), 3	2(1)	2(1)
社会権規約	na	na	12	15(1)(b), 15(3)	na	13, 14	10	10	2(2), 3	2(2)	2(2)
人種差別撤廃条約	na	5(b)	5(e)iv	na	na	5(e)(b), 7	5(d)iv	na	na	na	na
女子差別撤廃条約	na	na	11(1)(f), 14(2)(b)	12, na	10(e), 14(b) & 16(e)	10, 14(d)	16	16	1-5	na	na
子どもの権利条約	6	37(b)-(d)	24	na	12, 13, 17	28, 29	8, 9	16	2(1)	2(2)	2(2)
ヨーロッパ人権条約, 議定書, 社会憲章	2	5	C：13	na	10	P1：2, C：13	12	8	14	14	14
米州人権条約, 議定書	4	7	26 P：9, 10	26	13	26	17	11	1, 24	1, 24	1, 24
バンジュール憲章	4	6	16	22	9	17	18	4, 5	2, 3, 18(3), 28 (duty)	2, 3, 18(3), 28	2, 3, 18(4), 28

資料Ⅰ：リプロダクティブ・ヘルス及び自己決定に対応する国際人権文書の規定　167

カイロ行動計画	Principle1, 8.21, 8.25	4.10, 4.22, 5.5, 7.12, 7.70	7.2, 7.3, 7.5, 7.6, 7.16, 7.23, 7.27-33, 8.28-8.35	2.10 & 12.10-12.26	7.3, 7.20, 7.23	4.18, 7.47, 11.8	4.21	7.3, 7.12, 7.17-7.20	4.16, 4.25	7.41, 7.45, 7.46	7.34, 7.40, 8.34
北京行動綱領	97, 106(i)-106(l)	97, 106(g),(h),(k), 107(e),(q), 124(l), 135, 269, 277(d), 283(d)	95, 98, 103, 106(c),(e),(g), 108	104, 106(g),(h), 108(o),(p)	95, 103, 106(m), 107(e), 108(i), 223	74, 80, 81, 83(k),(l), 267, 277(a)	93, 274(e), 275(l)	103, 107(e), 108(m), 267	97, 277(l)	83(k),(l), 106-108, 281	99, 108

出典：R.J.Cook, Women and International Human Rights Law. 76 - 77頁。

注："na"は、国際文書の中に関連する規定はあるが、それぞれの権利の規定自体は無いことを指す

資料Ⅱ：少子化社会対策基本法

　我が国における急速な少子化の進展は，平均寿命の伸長による高齢者の増加とあいまって，我が国の人口構造にひずみを生じさせ，二十一世紀の国民生活に，深刻かつ多大な影響をもたらす。我らは，紛れもなく，有史以来の未曾有の事態に直面している。
　しかしながら，我らはともすれば高齢社会に対する対応にのみ目を奪われ，少子化という，社会の根幹を揺るがしかねない事態に対する国民の意識や社会の対応は，著しく遅れている。少子化は，社会における様々なシステムや人々の価値観と深くかかわっており，この事態を克服するためには，長期的な展望に立った不断の努力の積重ねが不可欠で，極めて長い時間を要する。急速な少子化という現実を前にして，我らに残された時間は，極めて少ない。
　もとより，結婚や出産は個人の決定に基づくものではあるが，こうした事態に直面して，家庭や子育てに夢を持ち，かつ，次代の社会を担う子どもを安心して生み，育てることができる環境を整備し，子どもがひとしく心身ともに健やかに育ち，子どもを生み，育てる者が真に誇りと喜びを感じることのできる社会を実現し，少子化の進展に歯止めをかけることが，今，我らに，強く求められている。生命を尊び，豊かで安心して暮らすことのできる社会の実現に向け，新たな一歩を踏み出すことは，我らに課せられている喫緊の課題である。
　ここに，少子化社会において講ぜられる施策の基本理念を明らかにし，少子化に的確に対処するための施策を総合的に推進するため，この法律を制定する。

第一章　総則
　（目的）
第一条　この法律は，我が国において急速に少子化が進展しており，その状況が二十一世紀の国民生活に深刻かつ多大な影響を及ぼすものであることにかんがみ，このような事態に対し，長期的な視点に立って的確に対処するため，少子化社会において講ぜられる施策の基本理念を明らかにするとともに，国及び地方公共団体の責務，少子化に対処するために講ずべき施策の基本となる事項その他の事項を定めることにより，少子化に対処するための施策を総合的に推進し，もって国民が豊かで安心して暮らすことのできる社会の実現に寄与することを目的とする。

（施策の基本理念）
第二条　少子化に対処するための施策は，父母その他の保護者が子育てについての第一義的責任を有するとの認識の下に，国民の意識の変化，生活様式の多様化等に十分留意しつつ，男女共同参画社会の形成とあいまって，家庭や子育てに夢を持ち，かつ，次代の社会を担う子どもを安心して生み，育てることができる環境を整備することを旨として講ぜられなければならない。

2　少子化に対処するための施策は，人口構造の変化，財政の状況，経済の成長，社会の高度化その他の状況に十分配意し，長期的な展望に立って講ぜられなければならない。

3　少子化に対処するための施策を講ずるに当たっては，子どもの安全な生活が確保されるとともに，子どもがひとしく心身ともに健やかに育つことができるよう配慮しなければならない。

4　社会，経済，教育，文化その他あらゆる分野における施策は，少子化の状況に配慮して，講ぜられなければならない。

（国の責務）
第三条　国は，前条の施策の基本理念（次条において「基本理念」という。）にのっとり，少子化に対処するための施策を総合的に策定し，及び実施する責務を有する。

（地方公共団体の責務）
第四条　地方公共団体は，基本理念にのっとり，少子化に対処するための施策に関し，国と協力しつつ，当該地域の状況に応じた施策を策定し，及び実施する責務を有する。

（事業主の責務）
第五条　事業主は，子どもを生み，育てる者が充実した職業生活を営みつつ豊かな家庭生活を享受することができるよう，国又は地方公共団体が実施する少子化に対処するための施策に協力するとともに，必要な雇用環境の整備に努めるものとする。

（国民の責務）
第六条　国民は，家庭や子育てに夢を持ち，かつ，安心して子どもを生み，育てることができる社会の実現に資するよう努めるものとする。

（施策の大綱）
第七条　政府は，少子化に対処するための施策の指針として，総合的かつ長期的な少子化に対処するための施策の大綱を定めなければならない。

（法制上の措置等）
第八条　政府は，この法律の目的を達成するため，必要な法制上又は財政上の措置その他の措置を講じなければならない。
（年次報告）
第九条　政府は，毎年，国会に，少子化の状況及び少子化に対処するために講じた施策の概況に関する報告書を提出しなければならない。

第二章　基本的施策
（雇用環境の整備）
第十条　国及び地方公共団体は，子どもを生み，育てる者が充実した職業生活を営みつつ豊かな家庭生活を享受することができるよう，育児休業制度等子どもを生み，育てる者の雇用の継続を図るための制度の充実，労働時間の短縮の促進，再就職の促進，情報通信ネットワークを利用した就労形態の多様化等による多様な就労の機会の確保その他必要な雇用環境の整備のための施策を講ずるものとする。
2　国及び地方公共団体は，前項の施策を講ずるに当たっては，子どもを養育する者がその有する能力を有効に発揮することの妨げとなっている雇用慣行の是正が図られるよう配慮するものとする。
（保育サービス等の充実）
第十一条　国及び地方公共団体は，子どもを養育する者の多様な需要に対応した良質な保育サービス等が提供されるよう，病児保育，低年齢児保育，休日保育，夜間保育，延長保育及び一時保育の充実，放課後児童健全育成事業等の拡充その他の保育等に係る体制の整備並びに保育サービスに係る情報の提供の促進に必要な施策を講ずるとともに，保育所，幼稚園その他の保育サービスを提供する施設の活用による子育てに関する情報の提供及び相談の実施その他の子育て支援が図られるよう必要な施策を講ずるものとする。
2　国及び地方公共団体は，保育において幼稚園の果たしている役割に配慮し，その充実を図るとともに，前項の保育等に係る体制の整備に必要な施策を講ずるに当たっては，幼稚園と保育所との連携の強化及びこれらに係る施設の総合化に配慮するものとする。
（地域社会における子育て支援体制の整備）
第十二条　国及び地方公共団体は，地域において子どもを生み，育てる者を支援する拠点の整備を図るとともに，安心して子どもを生み，育てることができ

る地域社会の形成に係る活動を行う民間団体の支援，地域における子どもと他の世代との交流の促進等について必要な施策を講ずることにより，子どもを生み，育てる者を支援する地域社会の形成のための環境の整備を行うものとする。
　（母子保健医療体制の充実等）
第十三条　国及び地方公共団体は，妊産婦及び乳幼児に対する健康診査，保健指導等の母子保健サービスの提供に係る体制の整備，妊産婦及び乳幼児に対し良質かつ適切な医療（助産を含む。）が提供される体制の整備等安心して子どもを生み，育てることができる母子保健医療体制の充実のために必要な施策を講ずるものとする。
2　国及び地方公共団体は，不妊治療を望む者に対し良質かつ適切な保健医療サービスが提供されるよう，不妊治療に係る情報の提供，不妊相談，不妊治療に係る研究に対する助成等必要な施策を講ずるものとする。
　（ゆとりのある教育の推進等）
第十四条　国及び地方公共団体は，子どもを生み，育てる者の教育に関する心理的な負担を軽減するため，教育の内容及び方法の改善及び充実，入学者の選抜方法の改善等によりゆとりのある学校教育の実現が図られるよう必要な施策を講ずるとともに，子どもの文化体験，スポーツ体験，社会体験その他の体験を豊かにするための多様な機会の提供，家庭教育に関する学習機会及び情報の提供，家庭教育に関する相談体制の整備等子どもが豊かな人間性をはぐくむことができる社会環境を整備するために必要な施策を講ずるものとする。
　（生活環境の整備）
第十五条　国及び地方公共団体は，子どもの養育及び成長に適した良質な住宅の供給並びに安心して子どもを遊ばせることができる広場その他の場所の整備を促進するとともに，子どもが犯罪，交通事故その他の危害から守られ，子どもを生み，育てる者が豊かで安心して生活することができる地域環境を整備するためのまちづくりその他の必要な施策を講ずるものとする。
　（経済的負担の軽減）
第十六条　国及び地方公共団体は，子どもを生み，育てる者の経済的負担の軽減を図るため，児童手当，奨学事業及び子どもの医療に係る措置，税制上の措置その他の必要な措置を講ずるものとする。
　（教育及び啓発）
第十七条　国及び地方公共団体は，生命の尊厳並びに子育てにおいて家庭が果たす役割及び家庭生活における男女の協力の重要性について国民の認識を深め

るよう必要な教育及び啓発を行うものとする。
2　国及び地方公共団体は，安心して子どもを生み，育てることができる社会の形成について国民の関心と理解を深めるよう必要な教育及び啓発を行うものとする。

第三章　少子化社会対策会議

（設置及び所掌事務）
第十八条　内閣府に，特別の機関として，少子化社会対策会議（以下「会議」という。）を置く。
2　会議は，次に掲げる事務をつかさどる。
　一　第七条の大綱の案を作成すること。
　二　少子化社会において講ぜられる施策について必要な関係行政機関相互の調整をすること。
　三　前二号に掲げるもののほか，少子化社会において講ぜられる施策に関する重要事項について審議し，及び少子化に対処するための施策の実施を推進すること。

（組織等）
第十九条　会議は，会長及び委員をもって組織する。
2　会長は，内閣総理大臣をもって充てる。
3　委員は，内閣官房長官，関係行政機関の長及び内閣府設置法（平成十一年法律第八十九号）第九条第一項に規定する特命担当大臣のうちから，内閣総理大臣が任命する。
4　会議に，幹事を置く。
5　幹事は，関係行政機関の職員のうちから，内閣総理大臣が任命する。
6　幹事は，会議の所掌事務について，会長及び委員を助ける。
7　前各項に定めるもののほか，会議の組織及び運営に関し必要な事項は，政令で定める。

　　附　則
（施行期日）
1　この法律は，公布の日から起算して六月を超えない範囲内において政令で定める日から施行する。
［2　内閣府設置法の一部改正］

資料Ⅲ：少子化社会対策基本法案に対する附帯決議

平成十五年六月十一日
衆議院内閣委員会

政府は，次の事項について，適切な措置を講ずるべきである。

一　少子化に対処するための施策を推進するに当たっては，結婚又は出産に係る個人の意思及び家庭や子育てに関する国民の多様な価値観を尊重するとともに，子どもを有しない者の人格が侵害されることのないよう配慮すること。

二　国連の国際人口・開発会議で採択された行動計画及び第四回世界女性会議で採択された行動綱領を踏まえ，その正しい知識の普及に努めるとともに，女性の生涯を通じた身体的，精神的及び社会的な健康に関わる総合的な施策を展開すること。

三　教育及び啓発の推進に当たっては，児童虐待，いじめ，犯罪又は様々な差別から子どもを守る視点からの取組を推進すること。

四　望まない妊娠や性感染症の予防等に関する適切な啓蒙，相談等の取組を図ること。

五　不妊治療に係る情報の提供，不妊相談，不妊治療に係る研究に対する助成等の施策を講ずるに当たっては，不妊である者にとって心理的な負担になることのないよう配慮すること。

六　出産を望みながらも精神的，経済的負担に悩む妊産婦に対する相談等の支援の充実を図ること。

七　子どもを生み，育てる者が充実した職業生活を営みつつ豊かな家庭生活を享受することができるようにするための取組に関し，事業主がその責務を十分に果たすことができるよう，育児休業制度等の充実，労働時間の短縮の促進，再就職の促進その他の雇用環境の整備のための施策に万全を期すこと。

八　保育サービス等の充実を図るに当たっては，病児保育，低年齢児保育，休日保育，夜間保育，延長保育及び一時保育のほか，障害児保育の体制の整備のための施策を講ずること。

九　少子化に対処するための施策を総合的に推進するため，各般にわたる制度の充実，必要な予算の確保等に努めること。

資料Ⅳ：母体保護法

第一章　総則
（この法律の目的）
第一条　この法律は，不妊手術及び人工妊娠中絶に関する事項を定めること等により，母性の生命健康を保護することを目的とする。
（定義）
第二条　この法律で不妊手術とは，生殖腺を除去することなしに，生殖を不能にする手術で命令をもつて定めるものをいう。
2　この法律で人工妊娠中絶とは，胎児が，母体外において，生命を保続することのできない時期に，人工的に，胎児及びその附属物を母体外に排出することをいう。

第二章　不妊手術
第三条　医師は，次の各号の一に該当する者に対して，本人の同意及び配偶者（届出をしていないが，事実上婚姻関係と同様な事情にある者を含む。以下同じ。）があるときはその同意を得て，不妊手術を行うことができる。ただし，未成年者については，この限りでない。
　一　妊娠又は分娩が，母体の生命に危険を及ぼすおそれのあるもの
　二　現に数人の子を有し，かつ，分娩ごとに，母体の健康度を著しく低下するおそれのあるもの
2　前項各号に掲げる場合には，その配偶者についても同項の規定による不妊手術を行うことができる。
3　第一項の同意は，配偶者が知れないとき又はその意思を表示することができないときは本人の同意だけで足りる。
　（削除）
第四条　削除
　（削除）
第五条　削除
　（削除）
第六条　削除
　（削除）

第七条　削除
（削除）
第八条　削除
（削除）
第九条　削除
（削除）
第十条　削除
（削除）
第十一条　削除
（削除）
第十二条　削除
（削除）
第十三条　削除

　　第三章　母性保護
（医師の認定による人工妊娠中絶）
第十四条　都道府県の区域を単位として設立された社団法人たる医師会の指定する医師（以下「指定医師」という。）は，次の各号の一に該当する者に対して，本人及び配偶者の同意を得て，人工妊娠中絶を行うことができる。
　一　妊娠の継続又は分娩が身体的又は経済的理由により母体の健康を著しく害するおそれのあるもの
　二　暴行若しくは脅迫によつて又は抵抗若しくは拒絶することができない間に姦淫されて妊娠したもの
2　前項の同意は，配偶者が知れないとき若しくはその意思を表示することができないとき又は妊娠後に配偶者がなくなつたときには本人の同意だけで足りる。
（受胎調節の実地指導）
第十五条　女子に対して厚生大臣が指定する避妊用の器具を使用する受胎調節の実地指導は，医師の外は，都道府県知事の指定を受けた者でなければ業として行つてはならない。但し，子宮腔内に避妊用の器具をそう入する行為は，医師でなければ業として行つてはならない。
2　前項の都道府県知事の指定を受けることができる者は，厚生大臣の定める基準に従つて都道府県知事の認定する講習を終了した助産婦，保健婦又は看護

婦とする。

３　前二項に定めるものの外，都道府県知事の指定又は認定に関して必要な事項は，政令でこれを定める。

第四章　削除
（削除）
第十六条　削除
第十七条　削除
（削除）
第十八条　削除
（削除）
第十九条　削除

第五章　削除
（削除）
第二十条　削除
（削除）
第二十一条　削除
（削除）
第二十二条　削除
（削除）
第二十三条　削除
（削除）
第二十四条　削除

第六章　届出，禁止その他
（届出）
第二十五条　医師又は指定医師は，第三条第一項又は第十四条第一項の規定によつて不妊手術又は人工妊娠中絶を行つた場合は，その月中の手術の結果を取りまとめて翌月十日までに，理由を記して，都道府県知事に届け出なければならない。
（通知）
第二十六条　不妊手術を受けた者は，婚姻しようとするときは，その相手方に

対して，不妊手術を受けた旨を通知しなければならない。
　（秘密の保持）
第二十七条　不妊手術又は人工妊娠中絶の施行の事務に従事した者は，職務上知り得た人の秘密を，漏らしてはならない。その職を退いた後においても同様とする。
　（禁止）
第二十八条　何人も，この法律の規定による場合の外，故なく，生殖を不能にすることを目的として手術又はレントゲン照射を行つてはならない。

　　第七章　罰則
　（第十五条第一項違反）
第二十九条　第十五条第一項の規定に違反した者は，五十万円以下の罰金に処する。
　（削除）
第三十条　削除
　（削除）
第三十一条　削除
　（第二十五条違反）
第三十二条　第二十五条の規定に違反して，届出をせず又は虚偽の届出をした者は，これを十万円以下の罰金に処する。
　（第二十七条違反）
第三十三条　第二十七条の規定に違反して，故なく，人の秘密を漏らした者は，これを六月以下の懲役又は三十万円以下の罰金に処する。
　（第二十八条違反）
第三十四条　第二十八条の規定に違反した者は，これを一年以下の懲役又は五十万円以下の罰金に処する。そのために，人を死に至らしめたときは，三年以下の懲役に処する。

附則
　（施行期日）
第三十五条　この法律は，公布の日から起算して六十日を経過した日から，これを施行する。
　（関係法律の廃止）

第三十六条　国民優生法（昭和十五年法律第百七号）は，これを廃止する。
　（罰則規定の効力の存続）
第三十七条　この法律施行前になした違反行為に対する罰則の適用については，前条の法律は，この法律施行後も，なおその効力を有する。
　（届出の特例）
第三十八条　第二十五条の規定は，昭和二十一年厚生省令第四十二号（死産の届出に関する規程）の規定による届出をした場合は，その範囲内で，これを適用しない。
　（受胎調節指導のために必要な医薬品）
第三十九条　第十五条第一項の規定により都道府県知事の指定を受けた者は，平成七年十二月三十一日までを限り，その実地指導を受ける者に対しては，受胎調節のために必要な医薬品で厚生大臣が指定するものに限り，薬事法（昭和三十五年法律第百四十五号）第二十四条第一項の規定にかかわらず，販売することができる。
２　都道府県知事は，第十五条第一項の規定により都道府県知事の指定を受けた者が次の各号の一に該当したときは，同条同項の指定を取り消すことができる。
　一　前項の規定により厚生大臣が指定する医薬品につき薬事法第四十三条の規定の適用がある場合において，同条の規定による検定に合格しない当該医薬品を販売したとき
　二　前項の規定により厚生大臣が指定する医薬品以外の医薬品を業として販売したとき
　三　前各号の外，受胎調節の実地指導を受ける者以外の者に対して，医薬品を業として販売したとき
３　前項の規定による処分に係る行政手続法（平成五年法律第八十八号）第十五条第一項の通知は，聴聞の期日の一週間前までにしなければならない。

附則　（昭和二四年五月三一日法律第一五四号）
　　０１　この法律は，昭和二十四年六月一日から施行する。

第一次改正法律附則　（昭和二四年六月二四日法律第二一六号）
　　０１　この法律は，公布の日から施行する。

附則　（昭和二六年六月一日法律第一七四号）　抄
1　この法律は，公布の日から施行する。

附則　（昭和二七年五月一七日法律第一四一号）　抄
1　この法律は，公布の日から起算して十日を経過した日から施行する。
2　この法律施行の際，都道府県及び保健所を設置する市が設置している優生結婚相談所は，改正後の第二十一条第三項（厚生大臣の設置についての承認）の規定による承認を受けて設置した優生保護相談所とみなす。
3　改正前の第二十二条（優生結婚相談所設置の認可）の規定による優生結婚相談所の設置の認可は，改正後の第二十二条（優生保護相談所の設置の認可）の規定による優生保護相談所の設置の認可とみなす。
4　この法律施行前にした行為に対する罰則の適用については，なお従前の例による。

附則　（昭和二八年八月一五日法律第二一三号）　抄
1　この法律は，昭和二十八年九月一日から施行する。

附則　（昭和三〇年八月五日法律第一二七号）
０１　この法律は，公布の日から施行する。

附則　（昭和三五年四月二一日法律第五五号）
０１　この法律は，公布の日から施行する。ただし，改正後の優生保護法第十一条の規定は，昭和三十五年四月一日以後に同法第十条の規定により行なう優生手術に関する費用について適用し，同日前に同条の規定により行なう優生手術に関する費用については，なお従前の例による。

附則　（昭和三五年八月一〇日法律第一四五号）　抄
（施行期日）
第一条　この法律は，公布の日から起算して六箇月をこえない範囲内において政令で定める日から施行する。

附則　（昭和三七年五月一六日法律第一四〇号）　抄
1　この法律は，昭和三十七年十月一日から施行する。

2 この法律による改正後の規定は，この附則に特別の定めがある場合を除き，この法律の施行前に生じた事項にも適用する。ただし，この法律による改正前の規定によつて生じた効力を妨げない。

3 この法律の施行の際現に係属している訴訟については，当該訴訟を提起することができない旨を定めるこの法律による改正後の規定にかかわらず，なお従前の例による。

4 この法律の施行の際現に係属している訴訟の管轄については，当該管轄を専属管轄とする旨のこの法律による改正後の規定にかかわらず，なお従前の例による。

5 この法律の施行の際現にこの法律による改正前の規定による出訴期間が進行している処分又は裁決に関する訴訟の出訴期間については，なお従前の例による。ただし，この法律による改正後の規定による出訴期間がこの法律による改正前の規定による出訴期間より短い場合に限る。

6 この法律の施行前にされた処分又は裁決に関する当事者訴訟で，この法律による改正により出訴期間が定められることとなつたものについての出訴期間は，この法律の施行の日から起算する。

7 この法律の施行の際現に係属している処分又は裁決の取消しの訴えについては，当該法律関係の当事者の一方を被告とする旨のこの法律による改正後の規定にかかわらず，なお従前の例による。ただし，裁判所は，原告の申立てにより，決定をもつて，当該訴訟を当事者訴訟に変更することを許すことができる。

8 前項ただし書の場合には，行政事件訴訟法第十八条後段及び第二十一条第二項から第五項までの規定を準用する。

附則　（昭和四〇年六月一一日法律第一二八号）
　　０１　この法律は，公布の日から施行する。

附則　（昭和四二年八月一日法律第一二〇号）　抄
　　（施行期日）
１　この法律は，公布の日から施行する。

附則　（昭和四五年五月一八日法律第六四号）
　　０１　この法律は，公布の日から施行する。

附則　（昭和五〇年六月二五日法律第四四号）
　　１　この法律は，公布の日から施行する。

附則　（昭和五五年一一月六日法律第八三号）
　　１　この法律は，公布の日から施行する。

附則　（昭和五六年五月二五日法律第五一号）
　　１　この法律は，公布の日から施行する。

附則　（昭和五七年八月一七日法律第八〇号）　抄
　（施行期日）
第一条　この法律は，公布の日から起算して一年六月を超えない範囲内において政令で定める日から施行する。ただし，第五章，第八十四条，第八十七条第二項，附則第三十一条及び附則第三十二条の規定（附則第三十一条の規定による社会保険診療報酬支払基金法第十三条第二項の改正規定を除く。）は公布の日から起算して一年三月を超えない範囲内において政令で定める日から，第二章，第三十条（中央社会保険医療協議会に関する部分に限る。）及び附則第三十八条から附則第四十条までの規定に公布の日から起算して三月を超えない範囲内において政令で定める日から施行する。
　（優生保護法の一部改正に伴う経過措置）
第三十九条　前条の規定に施行の日前にした行為に対する優生保護法の規定による罰則の適用については，なお従前の例による。

附則　（昭和六〇年六月二五日法律第七二号）
　　１　この法律は，公布の日から施行する。

附則　（昭和六二年九月二六日法律第九八号）　抄
　（施行期日）
第一条　この法律は，公布の日から起算して一年を超えない範囲内において政令で定める日から施行する。

附則　（平成二年六月二九日法律第五六号）
　　１　この法律は，公布の日から施行する。

附則　（平成五年六月一八日法律第七四号）　抄
　（施行期日）
第一条　この法律は，公布の日から起算して一年を超えない範囲内において政令で定める日から施行する。

附則　（平成五年一一月一二日法律第八九号）　抄
　（施行期日）
第一条　この法律は，行政手続法（平成五年法律第八十八号）の施行の日から施行する。
　（諮問等がされた不利益処分に関する経過措置）
第二条　この法律の施行前に法令に基づき審議会その他の合議制の機関に対し行政手続法第十三条に規定する聴聞又は弁明の機会の付与の手続その他の意見陳述のための手続に相当する手続を執るべきことの諮問その他の求めがされた場合においては，当該諮問その他の求めに係る不利益処分の手続に関しては，この法律による改正後の関係法律の規定にかかわらず，なお従前の例による。
　（罰則に関する経過措置）
第十三条　この法律の施行前にした行為に対する罰則の適用については，なお従前の例による。
　（聴聞に関する規定の整理に伴う経過措置）
第十四条　この法律の施行前に法律の規定により行われた聴聞，聴問若しくは聴聞会（不利益処分に係るものを除く。）又はこれらのための手続は，この法律による改正後の関係法律の相当規定により行われたものとみなす。
　（政令への委任）
第十五条　附則第二条から前条までに定めるもののほか，この法律の施行に関して必要な経過措置は，政令で定める。

附則　（平成六年七月一日法律第八四号）　抄
　（施行期日）
第一条　この法律は，公布の日から施行する。ただし，第三条中母子保健法第十八条の改正規定（「又は保健所を設置する市」を「，保健所を設置する市又は特別区」に改める部分を除く。）は平成七年一月一日から，第二条，第四条，第五条，第七条，第九条，第十一条，第十三条，第十五条，第十七条，第十八条及び第二十条の規定並びに第二十一条中優生保護法第二十二条の改正規定

(「及び保健所を設置する市」を「，保健所を設置する市及び特別区」に改める部分を除く。）及び同法第三十条の改正規定並びに附則第三条から第十一条まで，附則第二十三条から第三十七条まで及び附則第三十九条の規定並びに附則第四十一条中厚生省設置法第六条の改正規定（「優生保護相談所の設置を認可し，及び」を削る部分に限る。）は平成九年四月一日から施行する。

　（その他の処分，申請等に係る経過措置）

第十三条　この法律（附則第一条ただし書に規定する規定については，当該規定。以下この条及び次条において同じ。）の施行前に改正前のそれぞれの法律の規定によりされた許可等の処分その他の行為（以下この条において「処分等の行為」という。）又はこの法律の施行の際現に改正前のそれぞれの法律の規定によりされている許可等の申請その他の行為（以下この条において「申請等の行為」という。）に対するこの法律の施行の日以後における改正後のそれぞれの法律の適用については，附則第五条から第十条までの規定又は改正後のそれぞれの法律（これに基づく命令を含む。）の経過措置に関する規定に定めるものを除き，改正後のそれぞれの法律の相当規定によりされた処分等の行為又は申請等の行為とみなす。

　（罰則に関する経過措置）

第十四条　この法律の施行前にした行為及びこの法律の附則において従前の例によることとされる場合におけるこの法律の施行後にした行為に対する罰則の適用については，なお従前の例による。

　（その他の経過措置の政令への委任）

第十五条　この附則に規定するもののほか，この法律の施行に伴い必要な経過措置は政令で定める。

附則　（平成七年五月一九日法律第九四号）　抄

　（施行期日）

第一条　この法律は，平成七年七月一日から施行する。

附則　（平成七年六月一六日法律第一〇八号）

　０１　この法律は，公布の日から施行する。

附則　（平成八年三月三一日法律第二八号）　抄

　（施行期日）

第一条　この法律は、平成八年四月一日から施行する。

附則　（平成八年六月二六日法律第一〇五号）　抄
　（施行期日）
第一条　この法律は、公布の日から起算して三月を経過した日から施行する。
　（経過措置）
第二条　この法律による改正前の優生保護法（以下「旧法」という。）第十条の規定により行われた優生手術に関する費用の支弁及び負担については、なお従前の例による。
第三条　旧法第三条第一項、第十条、第十三条第二項又は第十四条第一項の規定により行われた優生手術又は人工妊娠中絶に係る旧法第二十五条の届出については、なお従前の例による。
第四条　旧法第二十七条に規定する者の秘密を守る義務については、なお従前の例による。
第五条　この法律の施行前にした行為及び前二条の規定により従前の例によることとされる場合におけるこの法律の施行後にした行為に対する罰則の適用については、なお従前の例による。

主要参考文献

Ⅰ：日本語文献

1．小泉英一『堕胎罪の研究』雄渾社，1956年
2．レイチェル・カーソン（青樹簗一訳）『沈黙の春』新潮社，1964年
3．小寺初世子「国際人権章典の研究―人権条約に含まれる問題点―」広島女子大学紀要3号，1968年
4．ジュリスト増刊『性―思想・制度・法―』有斐閣，1970年
5．菱木昭八郎「対訳スウェーデン婚姻法(1)」専修法学論集15号，1973年
6．小寺初世子「婦人差別撤廃条約案について―資料紹介―」広島女子大学紀要13号，1978年
7．小寺初世子「国際人権規約と日本の批准」ジュリスト696号，1979年
8．石井美智子「プライヴァシー権としての堕胎決定権―アメリカ判例法における堕胎自由化―」東京都立大学法学会雑誌19巻2号，1979年
9．水田珠枝『女性解放思想史』筑摩書房，1979年
10．ジュリスト増刊総合特集25『人間の性―行動・文化・社会―』1982年
11．リチャード・ヘトリンガー（小池和子訳）『性的自由について』勁草書房，1983年
12．ジュリスト増刊総合特集39『女性の現在と未来―これからの女と男の生き方を創出する―』有斐閣，1985年
13．『岩波講座　現代・女の一生8　アンソロジー世界の女・日本の女』岩波書店，1985年
14．加藤秀一「現代の女の問題」『岩波講座　現代・女の一生1　現代と女性』岩波書店，1985年
15．下村満子「ゆれ動く現代家族」『岩波講座　現代・女の一生1　現代と女性』岩波書店，1985年
16．金森トシエ「国連婦人の10年」『岩波講座　現代・女の一生1　現代と女性』岩波書店，1985年
17．金城清子「生活のなかの憲法」『岩波講座　現代・女の一生3　恋愛・結婚』岩波書店，1985年

18. 唄孝一編『医療と人権』中央法規，1985年
19. 日本医事法学会編『医事法学叢書5　医療と生命』日本評論社，1986年
20. ミシェル・フーコー（渡辺守章訳）『性の歴史Ⅰ　知への意志』新潮社，1986年
21. ミシェル・フーコー（田辺俶訳）『性の歴史Ⅱ　快楽の活用』新潮社，1986年
22. ミシェル・フーコー（田辺俶訳）『性の歴史Ⅲ　自己への配慮』新潮社，1986年
23. 弓削達ほか編『ギリシャとローマ―古典古代の比較史的考察』河出書房，1988年
24. 田畑茂二郎編『国際化時代の人権問題』岩波書店，1988年
25. 上村貞美「フランスの妊娠中絶法」香川法学8巻1号，1988年
26. ピーター・シンガーほか（加茂直樹訳）『生殖革命―子供の新しい作り方―』晃洋書房，1988年
27. 高井裕之「関係性志向の権利論序説1～3」民商法雑誌99巻3～5号，1988～1989年
28. 小寺初世子「女子差別撤廃条約と平和」国際女性の地位協会編『世界から日本へのメッセージ』尚学社，1989年
29. 落合恵美子『近代家族とフェミニズム』勁草書房，1989年
30. 松井茂記『アメリカ憲法入門』有斐閣，1989年
31. アンドレア・ドウォーキン（寺沢みづほ訳）『インターコース―性的行為の政治学』青土社，1990年
32. 佐藤幸治編著『憲法Ⅱ　基本的人権』成文堂，1990年
33. 久保田洋『入門国際人権法』信山社，1990年
34. 伊藤満『自由・人権確立への道』信山社，1992年
35. 米沢広一『子ども・家族・憲法』有斐閣，1992年
36. 久保田洋『国際人権保障の実施措置』日本評論社，1993年
37. 小山剛「妊娠中絶立法と基本権（胎児生命）保護義務―ドイツ「妊婦及び家族扶助法」をめぐる憲法論を素材に―」名城法学43巻1・2号，1993年
38. 「生殖医学と法」研究会「生殖医学と法(1)―問題の所在」奈良法学会雑誌6巻2号，1993年
39. 虫明満「堕胎罪と殺人罪」香川法学13巻2号，1993年

40. 戸波江二「自己決定権の意義と範囲」法学教室158号，1993年
41. 畑尻剛「刑法218条（堕胎罪）改正法の発効を停止する仮命令」自治研究69巻8号，1993年
42. 保木本一郎「遺伝病スクリーニングと知りすぎる知の統制」國學院法学30巻4号，1993年
43. 船橋邦子「カイロ国際人口，開発会議とNGO」国際女性の地位協会発行 国際女性8号，1994年
44. 横田耕一「「国際人権」と日本国憲法──国際人権法学と憲法学の架橋──」国際人権5号，1994年
45. 村瀬信也ほか編『現代国際法の指標』有斐閣，1994年
46. 脇田晴子ほか編『ジェンダーの日本史　上・下』東京大学出版会，1994年
47. 畑尻剛「刑法の堕胎罪規定を改正した妊婦及び家族扶助法の合憲性（第2次堕胎判決）」自治研究70巻4号，1994年
48. 二宮周平「女子差別撤廃条約──条約の国内的実施」国際人権5号，1994年
49. 中谷謹子「生殖医療技術と法律──21世紀の人類のあるべき生命をみすえたうえで生殖医療の法的規制を考える──」『からだの科学〔増刊〕 女性の病気』日本評論社，1994年
50. 高田敏・初宿正典編『ドイツ憲法集』信山社，1994年
51. 高橋保著『法律でみる女性の現在』ミネルヴァ書房，1995年
52. 浅井美智子ほか編『つくられる生殖神話──生殖技術・家族・生命──』制作同人社，1995年
53. アムネスティ・インターナショナル『世界の女性と人権』明石書店，1995年
54. 井上輝子ほか編『日本のフェミニズム①　リブとフェミニズム』岩波書店，1995年
55. 井上輝子ほか編『日本のフェミニズム②　フェミニズム理論』岩波書店，1995年
56. 井上輝子ほか編『日本のフェミニズム⑤　母性』岩波書店，1995年
57. 井上輝子ほか編『日本のフェミニズム⑥　セクシャリティ』岩波書店，1995年
58. 江原由美子『装置としての性支配』勁草書房，1995年
59. 大久保史郎「『自己決定』論と人権論の課題」法律時報68巻6号，1995年
60. 落合恵美子「『個人を単位とする社会』と「親子関係の双系化」──家族社

会学の視点から」ジュリスト1059号, 1995年
61. 小寺初世子「個人と国際法との関係」大阪国際大学国際研究論叢8巻1号, 1995年
62. ベアテ・シロタ, ゴードン（平岡磨紀子訳）『1945年のクリスマス——日本国憲法に「男女平等」を書いた女性の自伝』柏書房, 1995年
63. 戸波江二「国の基本権保護義務と自己決定のはざまで——私人間効力論の新たな展開」法律時報68巻6号, 1995年
64. 辻村みよ子「現代家族と自己決定権——リプロダクティブ・ライツをめぐって」法律時報68巻6号, 1995年
65. トーマス・バーゲンソル（小寺初世子訳）『国際人権法入門』東信堂, 1999年
66. 米沢広一「憲法と家族」ジュリスト1059号, 1995年
67. ペーター・レルヒェ（鈴木秀美訳）「連邦憲法裁判所の最近の基本判決における主要傾向」自治研究71巻3号, 1995年
68. 「生殖医学と法」研究会『『妊婦と胎児——二人の個人——』（胎児診断および晩期堕胎関するスウェーデンの報告書）(1)～(4)——生殖医学と法(3)——」奈良法学会雑誌8巻1号（1995年）, 8巻2号（1995年）, 9巻1号（1996年）, 10巻1号（1997年）
69. 津崎貴之「生殖医療の刑事規制と胚の保護」東京都立大学法学会雑誌37巻2号, 1996年
70. 長谷川晃『解釈と法思考——リーガルマインド哲学のために』日本評論社, 1996年
71. ルイス・ヘンキン著（小川水尾訳）『人権の時代』有信堂, 1996年
72. 宮崎繁樹編『解説・国際人権規約』日本評論社, 1996年
73. 金城清子『法女性学』日本評論社, 1996年
74. 安藤仁介「人権関係条約に対する留保の一考察——規約人権委員会のジェネラル・コメントを中心に——」京都大学法学論叢140巻1・2号, 1996年
75. ジェフェリー・ウィークス（上野千鶴子監訳）『セクシュアリティ』河出書房新社, 1996年
76. 井上俊ほか編『岩波講座　現代社会学10・セクシュアリティの社会学』岩波書店, 1996年
77. 井上俊ほか編『岩波講座　現代社会学11・ジェンダーの社会学』岩波書店, 1996年
78. 日本弁護士連合会・両性の平等に関する委員会編『国際化時代の女性の人

権:両性の平等と自立』明石書店,1997年
79. アメリカ自由人権協会著（川西渥子監修）『女性は裁判でどうたたかうか』教育史料出版会,1997年
80. 稲田朗子「断種に関する一考察―優生手術の実態調査から―」九大法学75号,1997年
81. 岩男壽美子ほか編『女性学キーワード』有斐閣,1997年
82. 金城清子『法女性学のすすめ　第4版』有斐閣,1997年
83. 岩村正彦ほか編『岩波講座・現代の法11　ジェンダーと法』岩波書店,1997年
84. 川口浩一「クローニングについての法的問題点―「人のクローニングの処罰は不要である」というテーゼの論証―」奈良法学会雑誌10巻1号,1997年
85. ヘクター・コレア編（UPPP翻訳委員会訳）『望まざる妊娠と公共政策―国際的展望の中で―』シオン出版社,1997年
86. 小寺初世子「性差別と宗教＜とくにキリスト教＞について―聖書に見る女性差別―」大阪国際大学国際研究論叢9巻4号,1997年
87. 小寺初世子「条約と日本―条約の国内法としての効力を考える―」広島平和科学20,1997年
88. 小寺初世子「世界女性会議の開催がもたらした女子差別撤廃条約の普及促進効果」大阪国際大学国際研究論叢10巻3・4号,1997年
89. 齋藤正彰「国際人権訴訟と違憲審査」北大法学論集47巻5号,1997年
90. アントニン・スカリア（太田裕之訳）「憲法解釈の方法」近畿大学法学44巻3・4号,1997年
91. 根本猛「人工妊娠中絶とアメリカ合衆国最高裁判所1～3」静岡大学法政研究1巻1号（1996年），1巻2・3・4号（1997年），2巻2号（1997年）
92. 野中俊彦ほか編『憲法Ⅰ・Ⅱ（新版）』有斐閣,1997年
93. 平川浩子他編「女性と法―男女協働社会における法の在り方について―1～2」廣島法学21巻1号・21巻2号（1997年）
94. 福島瑞穂『裁判の女性学―女性の裁かれかた』有斐閣,1997年
95. 松尾智子「出生前診断の法的及び倫理的問題の解明に向けて―アメリカの議論状況を素材として―」九大法学74号,1997年
96. 三浦武範「法体系の調整に関する一考察(1)―国際法と国内法の「調整理論」

と中心に―」京都大学法学論叢142巻2号，1997年
97. 三島聡「性表現の刑事規制―アメリカ合衆国における規制の歴史的考察―1〜3」大阪市立大学法学雑誌43巻2号（1996年），43巻4号（1997年），44巻1号（1997年）
98. 南野佳代「近代家族と女性労働者―保護と身体化―1〜2」京都大学法学論叢139巻6号（1996年），142巻1号（1997年）
99. 柳澤桂子『生命の奇跡―DNAから私へ』PHP研究所，1997年
100. 村上正直「重大な人権侵害の加害者に対する訴追の免除―規約人権委員会及び米州人権委員会の実行―」阪大法学47巻4・5号，1997年
101. 米田眞澄「「人身売買および他人の買春からの搾取の禁止に関する条約」の批判的考察―女性の人身売買を中心として―」阪大法学47巻4・5号，1997年
102. 山本直英編著『セクシャル・ライツ』明石書店，1997年
103. 横浜市女性協会編『女性問題キーワード110』ドメス出版，1997年
104. 国際女性の地位協会編『女性関連法データブック―条約・勧告・宣言から国内法まで』有斐閣，1998年
105. 石原理『生殖革命』筑摩書房，1998年
106. 榎原猛ほか編『現代憲法学』嵯峨野書院，1998年
107. 上村貞美「人権としての性的自由をめぐる諸問題5」香川法学18巻2号1998年
108. 中山茂樹「基本権を持つ法的主体と持たない法的主体―「人格」をめぐる生命倫理と憲法学―(1)・(2)」法学論叢141巻6号（1997年），143巻4号（1998年）
109. 藤目ゆき『性の歴史学―公娼制度・堕胎罪体制から売春防止法・優生保護法体制へ』不二出版，1998年
110. 森岡正博『生命観を問い直す』筑摩書房，1998年
111. 坂元茂樹「条約の留保と国内法との関係―人権条約と留保規則」国際人権9号，1998年
112. ハンス・R・シュライバー（青井秀夫ほか共訳）『生命の始期と終期における法的保護』法学62巻1号，1998年
113. 井上達夫・嶋津格・松浦好治編『法の臨界Ⅰ 法的思考の再定位』東京大学出版会，1999年
114. 井上達夫・嶋津格・松浦好治編『法の臨界Ⅲ 法実践への提言』東京大

　　　　学出版会，1999年
115．吉村典子『出産前後の環境：からだ・文化・近代医療編』昭和堂，1999年
116．江原由美子『フェミニズムのパラドックス―定着による拡散―』勁草書房，2000年
117．塩田咲子『日本の社会政策とジェンダー――男女平等の経済基盤―』日本評論社，2000年
118．国際協力事業団国際協力総合研究所『人口問題に関する総論と課題（前編）―総論，出生率とリプロダクティブ・ヘルス／ライツ，死亡率とHIV／エイズ―』国際協力事業団，2001年
119．国際協力事業団国際協力総合研究所『人口問題に関する総論と課題（後編）―人口高齢化，国際人口移動，都市化／国内人口移動―』国際協力事業団，2001年
120．柏木惠子『子どもという価値：少子化時代の女性の心理』中央公論新社，2001年
121．竹中恵美子監修『現代の経済・社会とジェンダー第2巻　労働とジェンダー』明石書店，2001年
122．江原由美子『自己決定権とジェンダー』岩波書店，2002年
123．田中由美子・大澤真理・伊藤るり編著『開発とジェンダー――エンパワーメントの国際協力―』国際協力出版会，2002年
124．松井三郎ほか編『環境ホルモンの最前線』有斐閣選書，2002年
125．クリストファー・フレイヴィン編著（福島克也監訳）『ワールドウォッチ研究所　地球白書2003―04年』家の光社，2003年
126．国立女性教育会館編『男女共同参画統計データブック』ぎょうせい，2003年
127．谷口洋幸「国際人権法における性的マイノリティ事例の研究―法とセクシュアリティ序説―」中央大学大学院法学研究科提出博士学位論文，2005年

Ⅱ：外国語文献

1．F. Loimer, Issues of Population Policy, in Philip M.Hauser ed, *The Population Dilenma* (The American Assembly, Columbia University, A Spec-

trum Book, 1963)
2. C. A. Mackinnon, *Feminism Unmodified: Discourse on Life and Law* (Harvard University Press,1987)
3. S. Coliver and F. Newman, Using International Human Rights Law To Infuruence United States Foreign Population Policy: Resort to Courts or Congress? *International Law and Politics* Vol.23 (1987)
4. United Nations, *Violence Against Women In The Family* (U.N. Sales No.E.89.IV.5, 1989)
5. A.Liu, *Artifical Reproduction and Reproductive Rights* (Dartmouth, 1991)
6. World Bank, *Enhancing Women's Participation in Economic Development: A World Bank Policy Paper* (A World Bank Publication, 1994)
7. R. J. Cook, *The Elimination of Sexual Apartheid: Prospects for the Fourth World Conference on Women* (American Society of International Law, 1995)
8. A. Germain, *The Cairo Consensus: The Right Agenda for the Right Time* (International Women's Health Coalition, 1995)
9. E. Heinze, *Sexual Orientation: A Human Right* (Nijhoff, 1995)
10. Krause, *Family Law 3rd Ed.* (Nutshell, 1995)
11. United Nations, *From Nairobi to Beijing: Second Review and Appraisal of the Implementation of the Nairobi Forward – Looking Strategies for the Advancement of Women, Report of the Secretary – General* (U.N. Sales No.E.95.IV.5, 1995)
12. United Nations, *The Advancement of Women: Notes for Speakers* (Department of Public Information United Nations, 1995)
13. United Nations, *Women: Looking Beyond 2000* (U.N. Sales No.E.95.I.40, 1995)
14. United Nations, *Women and Men In Europe and North America* (U.N. Sales No. GV.E.95.0.12, 1995)
15. United Nations, *UN Chronicle: Fourth World Conference on Women* (Department of Public Information United Nations, 1995)
16. World Bank, *Toward Gender Equality: The Role of Public Policy* (A World Bank Publication, 1995)
17. S.J. Jejeebhoy, *Women's Education, Autonomy, and Reproductive Behavior*

(Oxford University Press, 1998)
18. R.C. Barnett and C. Rivers, *She Works He Works: How Two – Income Families are Happier, Healthier, and Better Off* (Harper Collins, 1996)
19. Colborn, T., Dumanoski, D., Myers, J.P., *Our Stolen Future* (Dutton, 1996)
20. A.E. Clarke, *Disciplining Reproduction: Modernity, American Life Sciences, and "the Problem of Sex"* (University of California Press, 1998)
21. S. Baden. and A.M. Goets, *Who needs ⟨sex⟩ when you can have ⟨gender⟩?, in Jackson C, Pearson R eds. Feminist Visions of Development, Gender Analysis and Policy* (Routledge, 1998)
22. R. Kranz, *Reproductive Rights and Technology* (Facts on File, 2002)

〈著者紹介〉

谷口　真由美（たにぐち・まゆみ）

　1975年　　大阪府生まれ
　1997年　　大阪国際大学政経学部卒業
　1999年　　和歌山大学大学院経済学研究科修了
　2004年　　大阪大学大学院国際公共政策研究科博士後期課程修了
　　　　　　博士（国際公共政策）
　現　在　　大阪国際大学法政経学部専任講師
　　　　　　㈶世界人権問題研究センター嘱託研究員
　主要著作　「『リプロダクティブ・ライツ』と『リプロダクティブ・ヘルス』の
　　　　　　　関係：カイロ行動計画を素材として」世界人権問題研究センター
　　　　　　「研究紀要」（2002年）
　　　　　　「女子差別撤廃条約」畑博行＝水上千之編『国際人権法概論』（共著,
　　　　　　　有信堂高文社，2006年）

リプロダクティブ・ライツとリプロダクティブ・ヘルス

2007（平成19）年4月25日　　初版第1刷発行

　　　　　　　　著　者　　谷　口　真由美
　　　　　　　　発行者　　今　井　　　貴
　　　　　　　　　　　　　渡　辺　左　近
　　　　　　　　発行所　　信　山　社　出　版
　　　　　　　　〒113-0033東京都文京区本郷6-2-9-102
　　　　　　　　　　　電　話　03（3818）1019
　　　　　　　　　　　ＦＡＸ　03（3818）0344

　　　　　　　　印　刷　亜　細　亜　印　刷
Printed in Japan　　製　本　大　三　製　本

©谷口真由美　2007　　落丁・乱丁本はお取替えいたします。
ISBN978-4-7972-2468-9　C3332

・好評発売中・

女性と憲法の構造　大西祥世 著　12000 円（税別）

ジェンダーと法　辻村みよ子 著　3400 円（税別）

ジェンダーと法 I　信山社リーガルクリニック叢書
　　　　　　　　小島妙子・水谷英夫 著　3000 円（税別）

パリテの論理　男女共同参画の技法
　　　　　　　　　糠塚康江 著　3200 円（税別）

マイノリティの国際法　窪 誠 著　8000 円（税別）

講　座　国際人権
　編集代表　芹田健太郎・棟居快行・薬師寺公夫・坂元茂樹
　1　国際人権法と憲法　　　　　　11000 円（税別）
　2　国際人権規範の形成と展開　　12800 円（税別）

信　山　社